Esther Vergenz

Achtsamkeits training

FÜR

Kinder

Über 90 pädagogisch wertvolle Übungen
zur spielerischen Förderung der Aufmerksamkeit,
Konzentration und sozialen Kompetenz
für Kinder im Alter von 3-12

Inhaltsverzeichnis

Vorwort

Liebe Leser!

Zunächst einmal beginnen wir genau hiermit, nämlich mit der Anrede: Ich weiß, Gendern ist angebracht und auch ich bin eine große Verfechterin, niemanden auszuschließen oder gar zu diskriminieren, dennoch verzichte ich bewusst darauf, jeweils die doppelte geschlechtlich bezogene Anrede, irgendwelche Gender-Sternchen, -Schrägstriche, -Unterstriche, -Doppelpunkte oder Binnen-Is diesbezüglich zu verwenden. Das hat nicht nur einen sehr egoistischen Grund, der darin begründet liegt, dass es meinen Schreibfluss extrem hindern würde, sondern auch, dass du/Sie in deinem/Ihrem Lesefluss „ausgebremst" wirst/werden. Und genau hier fußt auch meine zweite Überlegung: bei der Anrede. Nach langen Überlegungen bin ich zu dem Entschluss gelangt, dass ich beim „Du" bleibe. Schließlich verfolgen wir ja alle, die wir uns mit dem Thema „Achtsamkeit und Kinder" beschäftigen, ein gemeinsames Ziel: „Unsere" Kinder achtsam zu erziehen beziehungsweise deren Achtsamkeit zu fördern. Nicht zuletzt verwende ich aus bereits genanntem Grund auch stets die männliche

Form, beispielsweise Lehrer und/oder Erzieher. Ich denke, die meisten meiner Artgenossinnen können es verkraften!? Kurzum: Ich nehme mir die Freiheit, nicht zu gendern und meine Leser mit dem verbindenden „Du" anzusprechen.

Solltest du dich ferner fragen, was mich befugt, ein solches Buch zu schreiben, kann ich nicht nur voller Stolz sagen, dass ich Mutter zweier – mittlerweile erwachsener – Töchter bin, die ich Achtsamkeit gelehrt und mit denen ich Achtsamkeit praktiziert habe. Und das Ergebnis gibt mir recht. Damals nannte man es eher Mitgefühl, Aufmerksamkeit, Respekt, Ehrfurcht gegenüber sich, der Natur und anderen. Aber es war das gleiche. Außerdem habe ich viele Jahre als Grundschullehrerin gearbeitet, war in der Jugendarbeit sowie an der Uni in der Lehrerausbildung tätig und habe im Psychiatriebereich gearbeitet, wo jeweils Achtsamkeit für und mit Kinder(n), aber auch Achtsamkeit für und mit Erwachsenen eine große Rolle spielte. Von zahlreichen Fort- und Weiterbildungskursen einmal abgesehen.

Und nun noch etwas zum Aufbau: Ich möchte dir natürlich auch ein gewisses Hintergrundwissen vermitteln, damit du verstehst, warum Achtsamkeit bei Kindern – wie auch bei Erwachsenen – so bedeutsam ist, aber auch, was es über- haupt bedeutet, sowie wann, wie und wo ein Achtsam- keitstraining für Kinder wichtig und richtig ist. Dabei bin ich versucht, nicht mit Fachwörtern um mich zu schmeißen, wenn doch, so lag es nicht in meiner Absicht und ich bitte um Nachsicht. Der überwiegende Teil des Buches ist jedoch gefüllt mit Praxis, die du sowohl als Eltern- oder Großelternteil als auch als Pädagoge umsetzen kannst. Dabei liegt der Schwerpunkt darauf, dass die Übungen Spaß machen, pädagogisch wertvoll sind, Konzentration und Aufmerksamkeit fördern und selbstverständlich ebenso eine spielerische Förderung darstellen. Alle Übungen sind von mir erprobt.

In diesem Sinne wünsche ich dir mit einem Zitat von Matthieu Ricard (*1946), ursprünglich Molekularbiologe, später buddhistischer Mönch und Bestseller-Autor, viel Spaß beim Lesen und Umsetzen:

> „Wenn man Mitgefühl wieder und wieder in sich erzeugt hat, wird es zur zweiten Natur. Um dahin zu gelangen, muss man seine Achtsamkeit verbessern und die Aufmerksamkeit jedes Mal zurückführen, wenn sie abschweift." – Matthieu Ricard

E. Vergars

Grundlegendes Vorwissen

Veränderte Kindheit

Wir alle leben in einer schnelllebigen Zeit, in der sich rasch vieles ändert. Ohne es werten zu wollen, kann ich sagen, dass sich erfahrungsgemäß in den Jahrzehnten meines Daseins unvergleichlich viel verändert hat, mit dem man mitgehen musste, um mithalten zu können. Zwar wachsen unsere Kinder mit diesem rasanten Wandel auf, aber auch sie müssen es verkraften können: Zu viel in zu kurzer Zeit, TV rund um die Uhr, elektronische Spiele, PC & Co., all das ist eine kaum mehr zu stoppende Reizüberflutung. Vom Schulstress und Notendruck ganz zu schweigen. Hinzu kommt, dass nicht nur für uns Erwachsene, sondern auch für die Kids immer alles höher, schneller, besser und mehr sein muss. Zumindest glauben wir das oder man macht es uns glauben.

Dieser Leistungsdruck macht weder vor dem Kindergarten noch vor der Schule halt – selbst in der Freizeit setzt er sich fort: Leistungssport, Früh-Englisch, Kreativ-Kurse und, und, und...

Da, wo wir früher gespielt haben, stehen jetzt Häuser und asphaltierte Parkplätze oder Parkhäuser. Nur wenige glückliche Kinder haben in ihrem unmittelbaren Umfeld noch Natur. Und wenn, dann dürfen sie nicht, wie wir früher, alleine in den Wald oder aufs Feld. Wo bleibt die Ruhe? Wo die Entschleunigung? Wo bleibt das Sich-auf-sich-selbst-Besinnen? Wer nimmt heute noch seine Umwelt, seinen Gegenüber bewusst wahr? Kurzum: Wo bleibt die Achtsamkeit?

Welche Konsequenzen hat diese veränderte Kindheit, in der äußere Reizüberflutungen aber auch innere – wie beispielsweise Leistungsdruck – vorherrschen? Eine Kindheit, in der der Alltag durchgetaktet ist, in der man sich ständig mit anderen messen muss? Antwort: mangelnde Bewegung, Adipositas (Fettleibigkeit oder netter ausgedrückt: Übergewicht), fehlende Konzentration, fehlendes Vertrauen, mangelndes Selbstvertrauen in die eigenen Stärken und ins eigene Können, Unausgeglichenheit, Unruhe, Angstzustände bis hin zur Resignation, Depression oder Aggression. Im schlimmsten Fall Schlafstörungen und psychosomatische Störungen wie Bauch- oder Kopfweh. Auch ADHS – Aufmerksamkeitsdefizit-/Hyperaktivitätsstörungen – können die Folge sein.

Effiziente W-Fragen

Keine Angst, ich werfe jetzt (fast) nicht mit Fachbegriffen um mich oder langweile dich mit Theorie zu Tode. Aber ein bisschen Theorie muss sein, damit du weißt, **was** Achtsamkeitsübungen sind, **warum** Achtsamkeitsübungen so wichtig sind und **wie** du sie durchführen kannst, sodass es dir und deinem Kind Spaß macht. Solltest du das (berufsbedingt) alles bereits wissen, „überfliege" dieses Kapitel einfach oder ignoriere es ganz. Ich merke es ja nicht! Aber Geld gibt es dafür auch nicht zurück...

Was bedeutet Achtsamkeit?

Im Prinzip ist Achtsamkeit nichts anderes als Aufmerksamkeit. Jon Kabat-Zinn (*1944), emeritierter Professor in den USA, der Achtsamkeitsmeditation lehrt und vor mehr als 40 Jahren der Gründer einer Spezialklinik wurde, wo er das Programm „Mindfullness-Based Stress Reduction" (MBSR) – Achtsamkeitsbasierter Stressabbau – ins Leben rief, nennt Achtsamkeit eine bestimmte Form der Aufmerksamkeit, und zwar solche, die sich auf das Jetzt und Hier bezieht ohne wertend zu sein.

Das Wort an sich und seine Bedeutung kennen wir „irgendwie" alle und gebrauchen es sogar manchmal. In meiner Kindheit war es sogar Teil einer der vier Kopfnoten im Zeugnis (Betragen, Ordnung, Fleiß und eben Aufmerksamkeit). Heute hört man es in Kindergärten und Schulen, wenn Lehrer oder Erzieher meinen, Fritzchen sei unaufmerksam.

Die positive Form kommt – wie bei so vielem – seltener in Beurteilungen, bei Elterngesprächen etc. vor.

„Unaufmerksamkeit" ist oft mit Tagträumen und/oder Grübeleien oder Ablenkung durch etwas Interessanterem in Verbindung zu sehen. Dabei ist man gerade dann doch besonders aufmerksam!? Nur leider nicht gegenüber dem, was verlangt wird.

Während wir Erwachsenen uns häufig selber disziplinieren können und uns auf das Wesentliche, das gerade Aktuelle konzentrieren können, sind Kinder nicht so ohne weiteres dazu in der Lage. Und das kann fatale Folgen haben: Es bekommt eine Frage des Lehrers oder einen wichtigen Teil des Stoffes nicht mit, verpasst Anweisungen der Erzieher und/oder reagiert „falsch". Im Sport oder im Straßenverkehr können die Folgen sogar fataler – in Form von Verletzungen oder noch schwerwiegender – sein.

Achtsamkeit bedeutet innere – aber auch äußere – Ruhe, um sich, andere und seine Umwelt bewusst mit allen Sinnen erleben, um Empathie empfinden, um adäquat agieren zu können und letztendlich stress- sowie angstfrei und gesund zu leben. Wer mit sich selbst achtsam ist, stärkt sein Ich und geht auch mit anderen Menschen, der Natur und Dingen achtsam um.

Warum ist Achtsamkeit wichtig?

Achtsamkeit mit Kindern hat auch immer etwas mit der Familie zu tun. Achtsamkeit innerhalb der Familie (Idealerweise von allen Familienmitgliedern aktiv ausgelebt!) impliziert ein respektvolles, friedliches, empathisches Miteinander und ist somit gleichzeitig die Basis für eine erfolgreiche Konflikt- und Problembewältigung. Herrscht Achtsamkeit in einer Familie, in einer Partnerschaft, generell in einer Form des Sozialkontakts, so ist der Wohlfühlfaktor für jeden Einzelnen sehr hoch. Kinder aus diesen Verbindungen gehen nicht nur selbstsicherer und gestärkt durchs Leben, sie sind generell auch glücklicher, optimistischer, zufriedener und sogar gesünder. Wusstest du, dass optimistische, positiv denkende, zufriedene und gelassenere Menschen erfolgreicher und beliebter sind als andere? Also hilf deinem Kind dabei, ein zufriedener und beliebter Mensch zu werden.

Im Kindergarten, in der Schule oder am Arbeitsplatz gibt es bezüglich der Achtsamkeit eine andere Ausgangsbasis als in der Familie: Hier treffen verschiedene Konstellationen aufeinander und man kann nicht von Erziehern und Pädagogen – oder Chefs – erwarten, dass sie dafür die alleinige Sorge beziehungsweise Verantwortung tragen. Achtsamkeit **beginnt** eben in der Familie, der Grundstein muss daheim gelegt, das ständige Training daheim ausgeübt werden.

Achtsamkeit ist wichtig, um das Miteinander zu erleichtern, sich emotional stark zu fühlen, glücklich, zufrieden und gesund zu sein.

Was versteht man unter Achtsamkeitsübungen?

Achtsamkeitsübungen sind Trainingsprogramme, die zum täglichen Leben wie Zähneputzen dazugehören könnten und sollen. Da Kinder von Natur aus achtsam sind – nur leider aus unserer Sicht nicht immer auf das bezogen, was wir gerade wollen – ist es einfach, sie dahingehend zu stärken und zu trainieren. Hilf deinem Kind, dass es wachsam, achtsam durchs Leben geht, auf sich und andere achtsam reagiert, Dinge sowie die Natur respektvoll, achtsam betrachtet und behandelt, kurz: offenen Auges und gestärkt durchs Leben geht. Das alles und noch viel mehr könnt ihr mit Achtsamkeitstraining erreichen.

Achtsamkeit wirkt sich sowohl im geistigen als auch im emotional-affektiven, aber auch im körperlichen Bereich positiv aus, was nur einmal mehr beweist, wie wichtig es ist, Achtsamkeitstraining mit Kindern gezielt auf alle Sinne auszurichten. Hinzu kommt, dass es Spaß machen und keinesfalls unter Druck geschehen sollte. Idealerweise werden Achtsamkeitsübungen als eine Art Ritual – Kinder lieben Rituale! – angegangen und über zeitlich kurze Frequenzen hinweg mit möglichst wenig Aufwand betrieben. Schöner Nebeneffekt: Auch der Trainer kann vom Achtsamkeitstraining für Kinder profitieren.

Nichts anderes als das Trainieren der Achtsamkeit ist gemeint, wenn wir von Achtsamkeitsübung sprechen. Achtsamkeit kann man lernen. Allerdings müssen, wie bei so vielen Dingen generell, auch hier die Eltern beziehungsweise die Erziehungsberechtigten ihre Vorbildfunktion ernst nehmen.

Welche Altersgruppe ist angesprochen?

Die Altersangabe beziehungsweise der Status „Kindergartenalter" und/oder „Grundschulalter" steht bei meinen Beschreibungen der einzelnen Übungen dabei. Vieles lässt sich auch ausweiten auf „Kinder über 10 Jahre" oder/ und Pubertierende, denn letztendlich lässt es sich nicht ausschließen, dass auch ältere Jugendliche oder gar Erwachsene ihren Spaß dabei haben. Im Grunde kommt es sowieso auf das einzelne Kind an. Jedes Kind ist anders und jedes Kind reagiert auf einzelne Achtsamkeitsübungen unterschiedlich.

Oft kann eine Übung auch angepasst werden, sodass sie in abgewandelter Form für andere Altersgruppen möglich ist. In den meisten Fällen steht das dann auch da. Natürlich überlasse ich weitere Variationen gerne dir und deiner Fantasie.

Bei der Durchführung wirst du merken, dass – je jünger die Kinder sind – es ihnen leichter fällt, sich auf das Angebot einzulassen, denn gerade kleinere Kinder sind stets neugierig auf Neues, leben von Grund auf intensiver sowie achtsamer und lieben zudem Rituale, zu denen dein Achtsamkeitstraining werden kann und sollte. Man muss die vorhandene Achtsamkeit eben nur festhalten und trainieren, damit sie sich nicht mit zunehmendem Alter verliert. Das bedeutet aber nicht, dass es nie zu spät ist, mit Achtsamkeitsübungen zu beginnen. Übrigens auch nie zu früh: Man denke nur daran, wie achtsam Mütter mit ihren Babys umgehen, mit ihnen reden, sie streicheln, ihnen vorsingen und sogar Fingerspiele mit ihnen praktizieren.

> Einige Achtsamkeitsübungen kann man bereits mit Kleinkindern machen, andere sind für Kindergarten- und/oder Schulkinder gedacht. Manche finden sogar unsere heranwachsenden „Dampfkochtöpfe", wie ich meine damals pubertierenden Töchter insgeheim immer nannte, weil sie oft ignorant, egoistisch, überschäumend und rücksichtslos erschienen, gut. Aber auch wir Erwachsenen profitieren vom Achtsamkeitstraining.

Wann ist der richtige Zeitpunkt?

Wer kein solcher Morgenmuffel wie ich ist, kann bereits beim Aufstehen oder beim Frühstück mit kurzen Achtsamkeitsübungen beginnen. Auch wenn dein Kind von dir zum Kindergarten oder zu Freunden gebracht wird und ihr den Weg zu Fuß erledigen könnt, kannst du Achtsamkeitsübungen einbauen. Wichtig: Nehmt euch ein wenig mehr Zeit als üblich.

Anders als ein Kindergartenkind, steht ein Schulkind während des Unterrichts am Vormittag häufig „unter Strom":

Stress, Leistungsdruck, Konkurrenzdenken, Mobbing, zu schwieriger Stoff, (zu) hohe Erwartungen an das Kind seitens der Pädagogen aber auch der Eltern und einige Dinge mehr, erschweren es dem Schulkind, achtsam mit sich, den anderen und der Umgebung zu sein. Das trifft vor allem dann zu, wenn sich die heimischen Achtsamkeitsübungen noch nicht derart verfestigt haben, dass die bereits verinnerlicht sind. Da hilft nur eines: Schau genau auf dein Kind, gib ihm für die Übungen nach der Schule Raum und Zeit. Viele der Achtsamkeitsübungen könnt ihr während des Tagesverlaufs und vor allem vorm Zubettgehen oder am Wochenende trainieren. Dazu eignen sich gemeinsame Spaziergänge besonders gut.

Zum Abschluss noch ein ganz wichtiger Appell: Beginne nicht erst, wenn es Probleme gibt, dann nämlich ist es umso schwieriger, dein Kind zu motivieren und zur Ruhe zu bringen. Prävention ist, wie bei so vielen anderen Dingen auch, das beste Mittel!

Dennoch achte auf „Notsignale", spätestens dann, solltest du etwas in Richtung Achtsamkeitsübungen und Entspannung fürs Kind unternehmen. „Alarmzeichen" können sein:

- Unkonzentriertheit
- Nervosität (Nägel kauen, zappeln etc.)
- Reizbarkeit
- übertriebene Ängstlichkeit
- psychosomatische Anzeichen wie beispielsweise regelmäßig auftretende Bauch- und Kopfschmerzen

- wiederholte Vermeidung bestimmter Situationen (soziale Kontakte, Fahrstuhl, enge Räume etc.)
- Schul- oder KIGA-Angst
- Albträume und Schlafstörungen
- plötzlich auftretendes Stottern

Der richtige Zeitpunkt ist (eigentlich) **immer**. Nutze die Zeit und deute die Signale richtig, die dir dein Kind gibt. Im Prinzip ist bereits die Tatsache, dass du dich mit deinem Kind beschäftigst, eine Achtsamkeit von dir ihm gegenüber. Und das ist gut so!

Wie oft sollte man Achtsamkeitsübungen durchführen?

Nur wer nach dem Hinfallen immer wieder aufsteht, lernt richtig laufen. Nur wer fleißig übt, lernt schreiben, rechnen und lesen. Nur wer regelmäßig Achtsamkeitsübungen durchführt, wird achtsam, kann sich schneller aus Wut und Angst selber befreien, findet Ruhe und Gelassenheit.

Sinn und Zweck des Achtsamkeitstrainings für Kinder ist es, eine gewisse Routine zu entwickeln. Die wiederum gelingt nur durch Kontinuität. Lass es am besten zu einem festen Ritual werden. Kinder benötigen Orientierung sowie Sicherheit, und genau das bekommen sie durch Rituale.

Die Pi-mal-Daumen-Antwort auf zu Beginn gestellte Frage kann also kurz lauten: so oft wie möglich, immer nur maximal 30 Minuten lang und nach Möglichkeit in gleichmäßigen zeitlichen Abständen.

Achtsamkeitstraining mit Kindern benötigt wenig Zeit und kann (beinahe) immer durchgeführt werden. Da Kinder Rituale lieben, solltest du die Übungen zu einem Ritual werden lassen.

Effekte, Ursachen, Anleitungen & Tipps, Übungs-Gesetze

Effekte

Zahlreiche Untersuchungen haben ergeben, dass regelmäßig und richtig durchgeführte Achtsamkeitsübungen mit Kindern folgende Bereiche positiv bedienen:

- bessere Impulskontrolle/besserer Umgang mit Wut

- besserer Umgang mit Angst & Phobien

- besserer Umgang mit Problemen/schwierigen Situationen/Stress

- Verbesserung der Konzentration/Aufmerksamkeit[1]

- bessere Selbstwahrnehmung/gestärktes Selbstbewusstsein

- innere Ruhe & Stärke

---

1 Gerade das Problem mit fehlender oder reduzierter Konzentrationsfähigkeit taucht immer häufiger bei Elterngesprächen in KIGA oder in der Schule auf. Natürlich merken wir es als Eltern auch, sind aber häufig überfordert. Selbst wenn man einen pädagogischen Hintergrund hat, versagen oft die eigenen Gedanken bezüglich Ursachen und Behebung des Problems. Warum? Ganz einfach, man ist zu befangen, nicht neutral genug.

- erholsamen Schlaf
- mehr Empathie
- bessere emotionale und soziale Kompetenz
- Verbesserung der emotionalen & sozialen Intelligenz
- größeres Wohlbefinden & mehr Zufriedenheit
- körperliche & seelische Gesundheit
- positive Auswirkungen auf vorhandenes AD(H)S
- weniger Depressionen
- geringeres Suchtpotenzial

Ursachen

Sprechen wir hier vornehmlich von mangelnder Konzentration, denn das ist das am meisten verbreitetste Problem bei Kindern und Jugendlichen. Aber auch emotionale sowie soziale Störungen, Angstzustände und manch andere Problemlagen sind zu beobachten. Ich möchte dir an dieser Stelle mögliche Schuldgefühle nehmen, falls du denkst, es sei alles deine Schuld. Viele Eltern rutschen ganz schnell in dieses Denken rein und blockieren sich damit selber! Vielmehr möchte ich dich ermutigen, nach möglichen Ursachen zu schauen und gegebenenfalls etwas daran zu ändern. Manchmal ist die Problemlösung ganz einfach, manchmal jedoch muss man sich professionelle Hilfe holen. Scheu dich nicht davor, das ist deren Beruf! Also nicht schämen, sondern Tipps und Hilfen zulassen!

Solltest du eine oder gar mehrere Ursachen gefunden haben, kannst du gezielter die für euch richtigen Achtsamkeitsübungen heraussuchen. Sie sind nicht das alleinige Allheilmittel, aber sie unterstützen.

Mögliche Problemursachen können sein:

- **Emotional besonders belastende Erlebnisse:** Tod eines nahestehenden Menschen oder eines geliebten Tieres, Trennung, Krankheiten, aber auch Hänseleien bis hin zu Mobbing unter Gleichaltrigen

- **Überforderung seitens der Schule oder der Familie:** Die Anforderungen ans Kind sind zu hoch gesteckt, Vergleich mit größeren Geschwistern, Lernschwierigkeiten.

- **Unterforderung:** Kaum zu glauben, aber die meisten hochbegabten Kinder werden verhaltensauffällig und sind unkonzentriert, da sie sich im Kindergarten oder in der Schule langweilen. Außerdem leiden sie häufig an emotionalen und sozialen Störungen.

- **Falsche Ernährung:** Zu viel Fett, zu viel Zucker, Fast Food, zu wenig Obst und Gemüse etc. führen zu Mangelerscheinungen, Fettleibigkeit – Adipositas –, machen schlapp und unkonzentriert. Hier kannst du am besten gegenwirken. Lass dich vom Kinderarzt beraten.

- **Schlafmangel und/oder Schlafstörungen:** Ursachen hierfür können unter anderem Medienkonsum vorm Einschlafen, aber auch Angstzustände durch nicht verarbeitete Erlebnisse sein.

- **Bewegungsmangel:** Wer sich nicht ausreichend bewegt, wird auch nicht müde, leidet demzufolge an Schlaflosigkeit bzw. Schlafstörung und ist am anderen Tag im Kindergarten oder in der Schule unkonzentriert!

- **Störungen des Seh- und/oder Hörvermögens:** Kinder kompensieren schnell und gekonnt, sodass es den Eltern – oft auch den Pädagogen – nicht oder erst sehr spät auffällt, dass sie schlecht sehen oder hören. Diese Beeinträchtigungen verlangen nach einem hohen Grad an Konzentration, den kein Kind über einen ganzen Unterrichtstag oder Kindergartenbesuch hinweg durchhalten kann. Resultat: Es schaltet ab und gilt als „unkonzentriert". Hier ist eine rasche Abhilfe besonders gut möglich: Regelmäßige Kontrollen beim Augen- und Ohrenarzt vermeiden diesen misslichen Zustand.

- **Probleme mit dem Mineralstoff- und/oder dem Hormonhaushalt:** Das kann nur beim Arzt festgestellt und mittels seiner Hilfe behoben werden. Tipp: Regelmäßige ärztliche Kontrollen, vor allem aber spätestens, wenn man glaubt, das Kind sei extrem unkonzentriert.

- **ADS (Aufmerksamkeitsdefizitstörung) beziehungsweise ADHS (Aufmerksamkeitsdefizitstörung mit Hyperaktivität):** Eine Störung im emotionalen Bereich sowie auf Verhaltensebene, die sehr vielschichtig und unterschiedlich ausgeprägt ist. Es gibt nicht nur verschiedene Ursachen und Auswirkungen, auch die Begleiterscheinungen und selbst mögliche Folgeerkrankungen machen die Sache vor allem für Laien, und die sind wir als Eltern nun mal, so schwierig. Eines der Symptome ist mangelnde Konzentration.

Im Bereich des ADHS wurde und wird noch immer viel geforscht, dennoch ist man sich in mancher Hinsicht immer noch nicht ganz schlüssig. Es gibt sehr unterschiedliche Behandlungsansätze, von der Verhaltens- und Psychotherapie über Alternativansätze und unterstützende Maßnahmen wie beispielsweise Achtsamkeitsübungen bis hin zur Medikation.

Anleitungen & Tipps

Der „Routenplaner" für den Umgang bezüglich der Achtsamkeitsübungen gemeinsam mit deinem Kind könnte so aussehen:

1. Probiert gemeinsam verschiedene Übungen aus.

2. Notiere dir die Übungen, die deinem Kind am meisten Spaß gemacht haben (siehe auch unter „Evaluationsbogen" (Seite 195) und „Platz für eigene Notizen" (Seite 210)

3. Lasse dein Kind entscheiden, welche der notierten Übung ihr machen wollt.

4. Wenn möglich, bringe (zeitliche) Regelmäßigkeiten rein. Kinder brauchen und lieben Rituale! Sie geben ihnen Orientierung, Halt und Sicherheit.

Tipps für den allgemeinen Verlauf:

- Schreibe die Namen der beliebtesten Übungen in ein Heft, das du immer parat hast, oder besser noch, die kompletten Übungen auf kleine Karteikarten.

- Sortiere Übungen aus, mit denen dein Kind nicht klarkommt.

- Besorgt euch ein dekoratives „Schmuckkästchen" oder ein Glas und legt die Kärtchen, auf denen die erfolgreich absolvierten Übungen stehen, dort hinein.

- Lasse dein Kind im nächsten Durchgang bei der Auswahl aus diesem Kästchen mithelfen.

- Alternativ dazu, dass dein Kind die Übung auswählt, kann es eines der Kärtchen mit geschlossenen Augen ziehen.

- Wiederholt am besten die ausgewählte Übung über einen bestimmten Zeitraum hinweg. Legt das Kärtchen anschließend in einem anderen Gefäß ab.

- Dabei könnt ihr optisch verfolgen, wie viele Übungen ihr bereits absolviert habt.

- Ist die erste Box leer, können die „gebrauchten" Kärtchen wieder zur Verwendung kommen. Vielleicht mögt ihr dann aber auch neue auswählen?

Durch mehrmaliges Wiederholen merkt sich dein Kind die Übung, entwickelt vielleicht sogar eine Art Automatismus, und kann sie im Idealfall irgendwann (in „Krisensituationen") selbstständig anwenden.

Geht es um Konzentrationsübungen, kannst du dir vielleicht sogar notieren, wie lange sich dein Kind konzentrieren konnte, um einen laufenden Fortschritt zu sehen. Ich rate davon ab, mit dem Kind eine Art Konzentrationswettkampf zu veranstalten, auch wenn es vielleicht den ein oder anderen motiviert. Aber ich finde, wir sollten hier ohne Leistungsdruck arbeiten. Den gibt es schon genug!

Tipps für Achtsamkeitsübungen, besonders mit jüngeren Kindern:

- Beobachte dein Kind dabei genau und lasse dich auf sein Verhalten, seine Möglichkeiten und seine Wünsche ein. Lasse seine individuelle Dynamik zu.

- Bezeichne die Übungen als „Spiel", das steigert die Motivation. Mit den Begriffen „Meditation" oder „Achtsamkeitsübungen" können Kinder zunächst nichts anfangen.

- Wechselt zwischen Stille und Bewegung. Dein Kind sollte sich zwischendurch auspowern.

- Lass mal Fünf gerade sein und akzeptiere, dass nicht alles nur perfekt läuft!

- „Übung macht den Meister" und regelmäßige Achtsamkeitsübungen machen den „Achtsamkeitsmeister". Wie wäre es mit einer Urkunde für den Achtsamkeitskönig/die Achtsamkeitskönigin (siehe Anhang Seite 201)?

Übungsgesetze

Zum Leben, zu jedem Spiel, eigentlich zu jeder Aktivität und zu jedem Zusammensein, gehören Regeln, so auch zum Achtsamkeitstraining für Kinder. In erster Linie liegt es an dir, diese umzusetzen und einzuhalten.

Folgende „Achtsamkeitsübungs-Gesetze" solltest du beachten:

- Bringe niemals Leistungsgedanken ins Spiel!
- Baue keinen Druck auf, auch keinen zeitlichen Druck!
- Spaß, Freude und Miteinander stehen an erster Stelle!
- Beginne mit kleinen Schritten!
- Lege nach Möglichkeit verlässliche Zeiten fest und lasse die Übungen zum Ritual werden!
- Lasse keine extrem langen Zwischenzeiten vergehen!
- Lasse Übungen aus, bei denen sich dein Kind nicht gut fühlt!
- Passe die Übungen deinem Kind an!
- Reflektiert (altersgemäß) gemeinsam!
- Sei Vorbild, auch bezüglich deines eigenen Achtsamkeits-Verhaltens!

Oberstes Gebot:

Nur wer mit sich selbst im Reinen ist, kann auch mit anderen ins Reine kommen. Beziehung zu anderen ist wichtig, aber die wichtigste Beziehung ist die, die du zu dir selbst hast. Und weil du dir so wichtig sein solltest, nimm dich an und schenke dir Zeit!

Achtsamkeitsübungen

Leitfaden

Erläuterungen

Damit du bei den zahlreichen Übungen ein wenig mehr Überblick hast, habe ich sie in verschiedene Kategorien unterteilt, wobei es jedoch immer wieder zu Überschneidungen kommt. So kann beispielsweise eine Achtsamkeitsübung unter „Unterwegs" firmieren und gleichzeitig „Mit allen Sinnen" sein. Da musste ich mich eben für eine der Kategorie entscheiden ...

Jede Kategorie beginnt mit einem kleinen Theorieteil, wobei ich mich bemüht habe, nicht mit Fachausdrücken um mich zu werfen. Wenn du fragst, warum Theorie sein muss, kann ich nur antworten: Ein bisschen Background, wie es neudeutsch so schön heißt, muss eben sein! Falls es dich nicht interessiert, „überlies" es einfach. Ich habe diese Passagen extra in Kästchen gesetzt, dann findest du deren Anfang und Ende schnell. Auch einzelnen Übungen habe ich Zusatzinformationen hinzugefügt.

Nun noch ein paar Erklärungen zum Aufbau jeder Acht-samkeitsübung:

Übungsname: Ich habe versucht, den Übungen möglichst kindgerechte Fantasienamen zu geben, damit sie sich a) besser einprägen und b) dein Kind besser motivieren. Na-türlich kannst du sie auch umtaufen.

Altersgruppen: Die Altersgruppen, ab denen du am besten die entsprechenden Übungen durchführen kannst, habe ich ziemlich großzügig eingeteilt in...

· KIGA (ab ca. 3-5 Jahre)

· KIGA+ (frühestens ab dem Alter von 5 Jahren)

· Grundschule (ab ca. 6-10 Jahre)

· Grundschule+ (übers Grundschulalter hinaus)

· 12+ (ab 12 Jahre und älter)

Das sind das lediglich „Kann"-Angaben, denn jedes Kind ist anders. Gemeint sind untere Altersgrenzen, nach oben ist kein Limit gesetzt.

Zeit: Genaue Angaben kann ich schlecht machen, weil du dich ja nicht hetzen sollst und auch nicht alle Kinder gleich-lang bei der Sache bleiben können. Also habe ich mich entschlossen, Sternchen zu vergeben, deren Bedeutung folgendermaßen ist:

· * ... „geht ganz schnell" (ca. 5-10 Minuten)

- ** … ein etwas längerer Zeitraum wird benötigt (ca. 10-20, maximal 25 Minuten)
- *** … plane etwas mehr Zeit ein (25 Minuten und mehr)

Kleiner Exkurs zum Thema „Zeit"

Wissenschaftliche Untersuchungen haben ergeben, dass die durchschnittliche Konzentrationsdauer von Kindern bestimmten Alters sehr unterschiedlich ist. Diese Erkenntnisse machen sich Erzieher und Lehrer in KIGA und Schule (normalerweise) zu Eigen. Denke bitte auch du daran, wenn du Achtsamkeitsübungen – oder Hausaufgaben – mit deinem Kind machst. Natürlich ist auch das von Kind zu Kind unterschiedlich. Aber du kennst dein Kind wohl am besten...

Die Durchschnittswerte bezüglich der Konzentrationsdauer am Stück liegen bei

- 3- bis 5-Jährigen (KIGA) bei 10-15 Minuten
- 5- bis 7-Jährigen (KIGA+) bei bis zu 15 Minuten
- 7- bis 10-Jährigen (Grundschule) bei bis zu 20 Minuten
- 10- bis 12-Jährigen (Grundschule+) bei bis zu 25 Minuten
- 12- bis 16-Jährigen bei bis zu 30 Minuten

Material: Generell benötigst du wenig, wenn nicht sogar gar kein Material, und so ist auch dieser Punkt recht spärlich besetzt. Weiter unten sowie hinten findest unter

„Materialien & Bezugsquellen" (Seite 203) Dinge, die du für deine Achtsamkeitsübungen mit Kind benötigst.

Bemerkungen: Hier findest du alles Wichtige, was du noch wissen solltest. Dazu gehören unter anderem Hintergrundinformationen, Infos darüber, welchen Bereich der Achtsamkeit das jeweilige Training betrifft, was besonders zu beachten ist und einiges andere mehr.

Durchführung: An dieser Stelle schildere ich dir die eigentliche Übung sowie mögliche Variationen. Außerdem findest du hier die benötigten Texte und Bastelanleitungen.

Materialien

Je nachdem, welche Übungen du durchführen möchtest, benötigst du für einige spezielle Materialien. Hier eine kurze Zusammenstellung der Dinge, die für viele Achtsamkeitsübungen unerlässlich beziehungsweise angebracht sind. Lässt du Achtsamkeitsübungen mit deinem Kind zur Tagesordnung werden, solltest du dir vielleicht gleich einen entsprechenden Bestand zulegen. Wo du derartige Produkte käuflich erwerben kannst, findest du unter „Materialien & Bezugsquellen auf der Seite 203.

Entspannungsmusik

Sie sollte/kann/darf meist leise im Hintergrund laufen, was zusätzlich zur Entspannung fürs Kind – aber natürlich auch für dich – beiträgt. Schön sind auch CDs mit Naturgeräuschen wie Wald-, Wiesen- und Wassergeräusche, Vogel- oder Walgesänge.

Klangschale

Mit ihr kannst du den Beginn sowie das Ende einer Achtsamkeitsübung akustisch signalisieren. Der Klang beruhigt. Erfahrungsgemäß lieben Kinder Klangschalen nicht nur aufgrund des langsam ausklingenden Klangs, sondern auch aufgrund der Optik. Es gibt sie in den schillerndsten Farben und verschiedenen Größen, allerdings auch in sehr unterschiedlichen Preislagen. So findest du bereits kleine Klangschalen für unter zehn Euro, die preislichen Grenzen sind nach oben hin offen. Die Investition lohnt sich jedoch.

Zudem sind Klangschalen ein schönes Dekorationsstück für die Wohnung und können in den Alltag – etwa als Ruf zum gemeinsamen Essen – integriert werden. In der Schule benutzte ich Klangschalen, um die Kinder zur Ruhe sowie zum „Runterfahren" aufzurufen. Es funktionierte prima. So gut, dass sie bei ansteigendem Geräuschpegel selbst zur Klangschale griffen.

Augenbinde

Viele der Achtsamkeitsübungen mit Kindern verlangen nach geschlossenen Augen, um sich voll und ganz auf die anderen Sinne wie Hören, Schmecken, Riechen oder Fühlen zu konzentrieren. Selbstverständlich kannst du dein Kind auch einfach nur bitten, die Augen zu schließen und geschlossen zu halten. Aber seien wir mal ehrlich: Selbst wir neigen dazu, unsere Augen automatisch immer mal wieder zu öffnen, wie kann man das dann von Kindern verlangen!? Natürlich kannst du einen ganz normalen Schal oder ein ganz normales Tuch verwenden, jedoch stört das häufig die Konzentration, da es rutscht und zusätzlich nicht immer blickdicht ist. Ich rate zu einer Augenmaske, wie man sie beispielsweise als Schlafmaske im Handel findet. Sie gibt es in vielen unterschiedlichen Farben, sodass sich dein Kind sogar seine Lieblingsfarbe aussuchen kann. Ein Vorrat an verschiedenfarbigen Masken kann nicht schaden.

Igelball

Igelbälle sind auch unter der Bezeichnung „Sport Massageball" oder „Noppenball" bekannt. Kinder nennen ihn wegen seines Aussehens lieber „Igelball". Auch ich bleibe gerne bei der kindgerechten Bezeichnung.

Igelbälle werden in der Regel für taktile Übungen eingesetzt. Mit ihnen kannst du beispielsweise gegenseitige Massagen vornehmen, ohne dass dein Kind direkt berührt werden muss, was manche als wesentlich angenehmer empfinden. Auch hier konnte ich wieder die Erfahrung machen, dass Kinder dieses Teil lieben. Im Unterricht kam es daher bei mir auch als „Erzählball" zum Einsatz – nur wer den Ball hat, darf reden – oder aber sie durften ihn von meinem Pult holen, wenn sie Entspannung und Ruhe brauchten. Dazu reichte es, wenn sie ihn nur einfach mit beiden Händen „fühlten". Eine fantastische Sache!

Igelbälle bekommst du in Sport- oder auch manchen Spielwarengeschäften sowie online. Es gibt sie in verschiedenen Farben und Größen. Die Preise sind ebenfalls unterschiedlich, häufig findest du sie als 2er-Pack oder mehr im Angebot. Tipp: Suche gemeinsam mit deinem Kind seine Lieblingsfarbe aus. Noch besser: Nimm gleich mehrere in verschiedenen Farben und lasse dein Kind vor jeder entsprechenden Übung wählen, welche Farbe heute zum Einsatz kommt.

Sanduhr

Die Eieruhr kommt nicht so oft zum Einsatz, da ja generell das Achtsamkeitstraining für Kinder nicht unter Zeitdruck stattfinden soll. Dennoch findest du im folgenden praktischen Teil einige Übungen, wo ich den Einsatz dieses „Zeit-Begrenzungsteils" empfehle. Mein Tipp: Bitte verzichte auf die modernen „Küchen-Timer", wie tickende Zeitmessgeräte neudeutsch genannt werden, denn gerade das Ticken könnte dein Kind von der eigentlichen Übung ablenken. Mich selber machen die „tickenden Zeitbomben" nervös. Benutze stattdessen die herkömmlichen Sanduhren. Sie gibt es in verschiedenen Zeitvarianten: 3, 5, 10 und sogar 30 Minuten. Außerdem unterscheiden sie sich optisch. Kinder lieben, wenn verschiedenfarbiger Sand in ihnen rieselt. Da es keine große finanzielle Anschaffung bedeutet, würde ich dir zu gleich einem ganzen Sortiment raten.

Bubble-Timer

Ein fantastisches sensorisches Spielzeug, ähnlich einer Sanduhr, bei der schwebende, farbige Blasen – oder auch andere Figuren – zu Boden sinken. Die Bubble-Timer gibt es in verschiedenen Ausführungen, sie beruhigen, entspannen und bauen Stress sowie Ängste ab. Sie sind auch hilfreich bei der Entspannung von Kindern mit ADHS sowie für Kinder mit Autismus.

Motivation

Ohne Motivation geht beim Achtsamkeitstraining mit Kindern gar nichts! Das gilt für beide Seiten, dennoch ist Motivation beim Kind wichtiger als bei dir. Solltest du merken, dass sich dein Kind bei den Übungen „quält" und eigentlich lieber etwas anderes machen möchte, kannst du zu ein paar Motivations-Tricks greifen:

- Die bereits weiter vorne unter „Tipps" erwähnte Methode, bei der du die Karten umschichtest, motiviert. Denn auf diese Art sieht dein Kind seinen Fortschritt anhand des sich stets weiter füllenden Glases beziehungsweise Schmuckkästchens.

- Motivierender als solch ein Behälter sind sogenannte Belobigungs-Sticker sowie bunte Perlen oder Murmeln. Schenke deinem Kind einfach mal nach jeder durchgeführten Übung eine(s) davon! Wenn es die Sticker in einem Heft oder die Perlen beziehungsweise Murmeln in einem Glas oder ähnlichem sammelt, sieht es ebenfalls, was es „geleistet" hat.

Stellt den Behälter gut sichtbar an einen Ort, zu dem ihr beide Zugang habt.

- Vollkommen unmotivierte Kinder kannst du mit einer zusätzlichen Belohnung locken. Aber bitte mit einer sinnvollen, wie beispielsweise gemeinsame Zeit. Es könnte so aussehen: „Sobald du zehn Sticker, Murmeln oder Perlen hast, spielen wir etwas zusammen (oder gehen Eis essen)". Vereinbart vorher, in welcher Form die Belohnung sein soll.

Klingt das jetzt für dich eher gegensätzlich zu dem von mir bereits Gesagtem, dass kein Leistungsdruck entstehen soll, so kann ich es nicht komplett negieren. Ja, ein gewisser Druck ist vorhanden, allerdings einer, der vom Kind selber kommt und „Motivation" heißt. Außerdem sind diese Motivations-Tricks auch eigentlich nur als „Not-Lösungen" für die Kinder gedacht, die sich nicht auf Achtsamkeitsübungen einlassen wollen oder können. Haben sie einmal Spaß daran gefunden – Und das werden sie bestimmt! –, dann kann das Belohnungssystem wegfallen.

Weiteres

Hier noch ein paar weitere Anmerkungen, die du wissen und dir vielleicht zu Herzen nehmen solltest:

- Sieh die folgenden Achtsamkeitsübungen als Anregung an! Du kannst sie nach Belieben beziehungsweise nach den Wünschen, Möglichkeiten und Ansprüchen deines Kindes abwandeln.

- Eltern, Großeltern und Erzieher haben Vorbildfunktionen, das bedeutet natürlich, dass auch innerhalb der Familie miteinander achtsam umgegangen werden sollte.

- Wie wäre es mit einer gemeinsamen Zeit für die ganze Familie, wo alle bestimmte Achtsamkeitsübungen durchführen? Macht bestimmt allen Spaß!

- Mit Grundschulkindern und Teenagern kannst du nach der Durchführung einer Übung eine gemeinsame Reflexion/Evaluation vornehmen. Dabei sollten nicht nur die gemachten Wahrnehmungen angesprochen werden, sondern auch die Gefühle zur Sprache kommen.

- Nutze die Zeit der Übungen auch als **deine** Achtsamkeit für dein Kind und nutze die Zeit als einen besonderen Moment der Vertrautheit in eurer Beziehung.

- Gestalte eure Umgebung angenehm. Auch das kann ritualisiert werden. Wie wäre es mit einer Kerze und einem Türschild – siehe Anlage Seite 203 –, das darauf hinweist, dass jetzt niemand stören darf?

- Lasse leise Entspannungsmusik oder Naturtöne im Hintergrund laufen. Aber nur, wenn es dein Kind mag!

- Habe immer ein paar Mandalas zur Hand, die fördern die Konzentration, entspannen und machen Laune. Dazu kann im Hintergrund leise Entspannungsmusik laufen.

- Zwinge dein Kind nie, die Augen zu schließen, auch wenn es in der Achtsamkeitsübung verlangt wird.

Vielleicht erscheint ihm die Situation zu „bedrohlich" oder unangenehm? Dann solltest du überlegen, ob die Übung mit offenen Augen Sinn macht. Ist das nicht der Fall, wechsle zu einer anderen Übung.

- Ich spreche auch im Folgenden weiter von „deinem" Kind, wohl wissend, dass du vielleicht auch mehrere haben kannst oder als Pädagogin eine ganze Gruppe in Achtsamkeit trainierst. Meine Übungen sind so konzipiert, dass man sie mit einem einzelnen Kind durchführen kann. Wer mehrere Kinder mit einbeziehen möchte, wandelt eben ein wenig um. Wenn sich Übungen gut für Gruppen eignen, habe ich dieses auch erwähnt.

Zum Schluss noch etwas, was mir sehr am Herzen liegt: Wie bereits im Vorwort erwähnt (Falls du es gelesen hast!?), verzichte ich aufs Gendern aus zwei für mich ganz gravierenden Gründen. Ähnlich verhält es sich mit einer eventuell weiteren Betroffenheit einiger Menschen, die ich ebenfalls aus bestimmten Gründen „übergehe". Gemeint ist die Erwähnung bestimmter „Minderheiten" in Fingerspielen und Reimen, in denen Märchenfiguren wie beispielsweise Zwerge vorkommen. Ich verstehe und akzeptiere diesbezügliche „Empfindlichkeiten", vertrete jedoch die persönliche Meinung, dass Märchen zur Tradition gehören und somit den Kindern nicht vorenthalten werden sollten. Für mich ist es keine Diffamierung, von Zwergen, bösen Stiefmüttern & Co. zu reden, denn jeder Mensch, jedes Lebewesen ist anders, und Anderssein gehört zum Leben wie dessen Akzeptanz. Ich hoffe, meine Entscheidung kommt bei dir nicht negativ rüber. Wenn du es anders siehst, lass doch einfach die entsprechenden Übungen weg! Es gibt genügend andere...

Und nun viel Spaß beim Achtsamkeitstraining für Kinder!

Übungsteil

Im Alltag

Viele von uns sind im normalen Alltag achtsam, achtsam mit anderen, achtsam mit Dingen, Tieren, Pflanzen oder Handlungen gegenüber. Manche sind sogar sich selbst gegenüber achtsam. Auch – oder soll ich sagen „gerade" – Kinder!

Das Kuriose dabei ist, dass wir es meist ganz automatisch tun und es nicht unbedingt „Achtsamkeit" nennen. Allerdings sind in dieser immer hektischer werdenden Zeit mit immer mehr Terminen und knapper werdender Zeit auch viele von uns weniger oder gar nicht mehr achtsam, vor allem auch nicht achtsam sich selbst gegenüber. Und das hat fatale Folgen: Das stört das Miteinander – beispielsweise auch in der Familie –, das geht aber auch an die Gesundheit. Stress, Burn-out, psychosomatische Symptome wie Magen- und Rückenprobleme sind nur einige der Folgen. Und wenn wir unseren Kindern diese Ohne-mich-geht-es-nicht-Mentalität, dieses Ständig-auf-dem-Sprung-sein-

Müssen vorleben, sind wir nicht nur schlechte Beispiele, dann übernehmen unsere Kinder auch diese Achtlosigkeit für ihr eigenes Leben. Denn wir Erwachsenen sind diejenigen, die Kindern Normen und Werte übermitteln.

Daher ist es wichtig, uns wieder an die kleinen Achtsamkeiten zu erinnern, sie notfalls zu üben. Fangen wir also bei uns, unseren Kindern und unserem Familienleben an.

Hier eine Auflistung ganz alltäglicher Achtsamkeitsübungen, die dir vielleicht nicht neu sind, die du jedoch bislang nicht so genannt hast. Solltest du sie bereits mit deinem Kind praktizieren, freue dich, dann seid ihr auf dem besten Wege. Falls nicht, gräm' dich nicht, ändere einfach was in deinem/eurem Leben.

Achtsam sein...

- ...**beim Aufstehen:** Springt nicht beim Ertönen des Weckers wie von der Tarantel gestochen aus dem Bett. Stellt den Wecker lieber eine Viertelstunde früher, werdet langsam wach, „kommt zu euch", reckt und streckt euch. Spürt euch! Und kuschel noch ein wenig mit deinem Kind!
- ...**beim Essen:** Genießt, kaut langsam und mit Genuss, fragt danach, wie das Essen schmeckt, wie es riecht oder wie es aussieht.
- ...**auf dem Weg** zum KIGA oder zur Schule: Hetzt nicht! Seid achtsam, betrachtet eure Umgebung, zählt Schritte.

- **...beim Miteinander**: Verbringt Zeit miteinander, redet miteinander, geht miteinander spazieren oder spielt mal wieder etwas zusammen.

- **...mit der Natur**: Betrachtet, riecht und hört sie. Habt Freude am Gezwitscher der Vögel, am Rauschen der Wellen, am Duft der Blumen. Beobachtet das Geschehen um euch herum, wenn ihr draußen seid. Benutzt alle Sinne beim Erkunden und Erleben der Natur.

- **...mit der Schöpfung**: Bewundert den Sonnenaufgang und/oder den Sonnenuntergang, schaut zu, wie sich die Jahreszeiten präsentieren, habt Respekt vor Pflanzen und Tieren, und vor allem helft, unsere Umwelt, unsere Welt, zu erhalten. Sie ist die Zukunft unserer Kinder!

- **...mit euch**: Achtet auf eure Gesundheit, ernährt euch gesund, bewegt euch, achtet auf euren Körper, lernt die Hilferufe eures Körpers kennen und annehmen, gönnt euch auch mal Zeit nur für euch.

- **...mit eurem Atem**: Atme tief und bewusst ein und aus. Beobachte deinen Atem, wie er sich in bestimmten Situationen verändert und wie dein Körper vielleicht darauf reagiert. Das kannst du in beinahe jeder Situation tun, beim Putzen, beim Spielen, beim Treppensteigen, ja selbst auf der Toilette.

- **...mit anderen Menschen**: Schenkt eurem Gegenüber ein freundliches Lächeln, grüßt einander, versucht zu erkennen, wenn jemand Hilfe oder auch nur ein nettes Wort benötigt und gebt es ihm. Akzeptiert und respektiert andere so, wie sie sind. Jeder ist anders, und das ist gut so!

- **...beim Duschen, Baden und/oder Händewaschen**: Konzentriere dich auf deinen Körper, spür dich! Seife dich mit Genuss ein und bemerke, wie das warme oder kalte Wasser über die Haut läuft. Rieche den Duft der Seife, des Duschgels und höre dem laufenden Wasserstrahl zu. Eben Körperpflege mit (beinahe) allen Sinnen.

- **...beim Laufen**: Zieht die Schuhe aus (auch mal draußen), erdet und spürt euch und den Untergrund, auf dem ihr euch fortbewegt. Viel zu selten laufen Kinder heute noch barfuß, dabei ist es eine wundervolle und gesunde Sache!

- **...beim Schlafen**: Oberstes Gebot sollte sein – vor allem auch für Kinder –, sich nicht unmittelbar vorm Schlafengehen von Informationsfluten durch Fernsehen, Computer oder anderweitig berieseln zu lassen. Das würde auch bedeuten: Gehe nicht mit deinem Handy ins Bett!

- **...mit der Kleidung**: Kinder machen es ganz unbewusst, sie verkleiden sich gerne und oft und schlüpfen damit in eine andere Identität, in eine andere Gefühlslage. Sie probieren (sich) aus. Auch du gehst oft achtsam mit deiner Kleidung um, ohne es zu wissen. Bestimmt hast du schon mal bemerkt, dass sich gewisse Materialien auf deiner Haut gut, andere schlecht anfühlen, dass dich manche Farben stimulieren, dir gefallen, und andere eher nicht in deinem Kleiderschrank zu finden sind. Sicherlich fühlst du dich in einer Jogginghose anders als in einem Abendkleid oder einem Smoking. Bei mir macht es beispielsweise schon einen großen Unterschied, ob ich Jeans oder ein Kleid trage, es erzeugt eine ganz andere Stimmungslage und – wenn ich ehrlich bin – auch ein anderes Selbstwertgefühl.

Außerdem solltest du dich darin üben, dankbar zu sein und Schönes zu erkennen. Es gibt immer und überall etwas, wofür man dankbar sein kann und wo etwas Positives, Schönes drinsteckt. Du musst nur lernen, es zu sehen! Das beinhaltet auch, dass du öfters mal jemanden – vielleicht sogar auch dich selber – loben solltest. Lehre auch dein Kind, Schönes zu sehen und Positives zu formulieren.

Ich habe diese Punkte, wie man der Formulierung entnehmen kann, an dich gerichtet. Nicht, weil es nichts mit deinem Kind zu tun hätte – dann wäre ja das „Thema verfehlt", wie es so unschön in der Schule heißt –, nein, sondern, weil du dir erst einmal all dessen bewusst sein und es selbst praktizieren musst, um es deinem Kind nahezubringen.

Alle nachfolgenden Achtsamkeitsübungen funktionieren nach dem gleichen Prinzip:

Erst wenn du selber weißt, was du von deinem Kind „verlangst", kannst du es richtig rüberbringen.

Zeit

Zeit ist eines der wichtigsten Dinge, die man sich und anderen schenken kann. Folgende kleine Sequenzen und Auszeiten sind bereits mit die besten und interessantesten sowie unkompliziertesten Achtsamkeitsübungen, die du deinem Kind bieten kannst. Macht die Übungen gemeinsam und du wirst sehen, dass Zeit miteinander verbringen befreit, entschleunigt, entspannt, beflügelt, glücklich macht und Energie bringt.

Zeit mit Kindern kann bedeuten:

- Lauft barfuß durch den Garten.
- Werft Steine in den Fluss oder See und seht zu, was passiert.
- Sammelt im Herbst bunte Blätter, trocknet sie und klebt damit „Kunstwerke" auf ein Stück Papier.
- „Badet" im Herbst im bunten Laubhaufen.
- „Badet" im Schnee und spielt Schnee-Engel (...auf den Rücken legen, gespreizte Beine und ausgestreckte Arme nach oben und unten bewegen).
- Lies deinem Kind vor und lasse auch dir mal vorlesen.
- Geht aufmerksam, beobachtend spazieren oder durch die Straßen eures Wohnortes.
- Stellt einen Bubble-Timer (siehe Seite 32 & Seite 205) vor euch und beobachtet sein Innenleben.
- Malt Mandalas (siehe Anlage Seite 209)
- Schaut euch Wimmelbilder oder Wimmelbilderbücher an (Seite 180).

Zeit sehen & spüren

Altersgruppe:	Material:	Zeit:
KIGA	Sanduhr	*

Bemerkungen:

Diese Achtsamkeitsübung sieht zunächst ganz einfach aus: Ist sie jedoch nicht! Unterschätze die Zeit nicht! Drei Minuten können für manche Kinder sehr, sehr lange sein, wenn es gilt, Stille auszuhalten, still zu sein und sich ganz auf seinen ruhenden Körper zu konzentrieren. Aber es ist wichtig!

Vorschlag:

Steigere die Zeit des Verharrens allmählich und fangt ruhig mit erst einmal einer Minute an. Eine herkömmliche Sanduhr ist deshalb optimal, weil dein Kind dadurch sieht, wie die Zeit im wahrsten Sinne des Wortes verrinnt. Ist der Sand auch noch farbig, ist es zudem eine optische Motivation.

Durchführung:

Setzt euch gemeinsam an einen Tisch und stellt eine Sanduhr zwischen euch. Mache zuvor mit einem älteren Kind aus, wie lange eure Übung dauern soll.

Achtung:

Viele Kinder überschätzen sich dabei! Lasse es dennoch zu, denn auch das ist eine wichtige Erfahrung. Für jüngere Kinder gibst du die Zeit vor.

Mit dem Aktivieren der Sanduhr beginnt die Übung. Es gilt nun, so lange still zu sitzen und nicht zu sprechen, wie die vereinbarte Zeit läuft.

Gib deinem Kind nach Ablauf der Sanduhr die Möglichkeit, sich zu bewegen und drauflos zu plappern. Frage es anschließend, wie es ihm bei der Übung ging.

Zeit schätzen

Altersgruppe:

Grundschule+
(frühestens
jedoch Ende
Klasse 3)

Material:

Uhr

Zeit:

*

Bemerkungen:

Kinder – und auch viele Erwachsene – besitzen kein oder kaum ein „Zeitgefühl". Das bedeutet, sie entscheiden zwischen „kurz" oder „lang" nach sehr individuellen Gesichtspunkten. Wir alle kennen das: Wenn etwas besonders schön ist, „vergeht die Zeit schnell", wenn etwas belastend oder unschön ist, will „die Zeit nie vorbeigehen". Bei dieser Achtsamkeitsübung lernen die Kinder, Zeitspannen besser einzuschätzen und der Zeit gegenüber achtsam zu sein.

Übrigens ist das Schließen der Augen nicht unbedingt zwingend, es erhöht jedoch die Konzentration.

Durchführung:

Vereinbart einen bestimmten Zeitabschnitt, dieser sollte von ein paar Sekunden bis maximal drei Minuten sein. Bitte dein Kind, seine Augen zu schließen und erst wieder zu öffnen, wenn die vereinbarte Zeit rum ist. Du schaust dabei auf die Uhr. Sollte dein Kind über die Zeit hinaus die Augen geschlossen halten, stoppe die Übung zum vereinbarten Zeitpunkt.

Varianten:

Baut „Schwierigkeiten" ein, etwa auf einem Bein stehen, beide Hände nach oben strecken, in der Hocke verharren etc.

Mit allen Sinnen

Unsere (Ur)Sinne verarmen im Laufe der Zeit immer mehr, und doch sind sie mit das wertvollste, was wir haben. Sie helfen uns, Dinge, Situationen, Pflanzen, Tiere und Menschen, aber auch uns selbst wahrzunehmen. Außerdem schützen sie uns, denn sie haben manchmal Warnfunktion. Daher ist es auch so wichtig, ihren Einsatz mittels Achtsamkeitsübungen zu trainieren.

Ich beschäftige mich bei den folgenden Übungen mit den klassischen fünf Sinnen, die – wie bereits erwähnt – die „Alarmanlage" unseres Körpers sein können, die uns schützen, uns bei der Orientierung helfen, aber auch zahlreiche positive Momente und Emotionen in uns hochkommen lassen. Zur Erinnerung und Verdeutlichung hier ein kurzer Abriss:

Sehen (Augen): Die **visuelle** Wahrnehmung, der Sehsinn, kann uns warnen (rote Ampel), er hilft uns, uns zu orientieren (in Räumen) und er erzeugt Stimmungen (Bilder, Natur). Viele Menschen lernen am effektivsten durch Visualisierung.

Hören (Ohren): Auch die **auditive** Wahrnehmung, allgemein als Hörsinn oder Gehör bezeichnet, kann uns vor Gefahren (Sirene, Hupe etc.) schützen oder uns was Wundervolles wie Ruhe und Entspannung (Musik, Vogelstimmen & Meeresrauschen) erleben lassen.

Riechen (Nase): Selbst die **olfaktorische** Wahrnehmung – besser bekannt als Geruchssinn – kann sowohl lebensrettend sein (Brandgeruch) als auch positive Gefühle hervorrufen (Küchengerüche, Parfum).

Schmecken (Zunge): Gustatorische Wahrnehmung nennt man im fachwissenschaftlichen Jargon den Geschmackssinn. Er kann ebenfalls lebensrettend sein, etwa, wenn er auf essbar oder ungenießbar beziehungsweise giftig reagiert (Pilze, Beeren, Putzmittel). Die positive Seite ist der geschmackliche Genuss von Speisen oder Getränken.

Tasten (Haut): Sowohl die taktile[2] als auch die haptische[2] Wahrnehmung können uns Menschen beispielsweise vor extremer Hitze oder eisiger Kälte mit daraus resultierenden Schmerzen bis hin zur Lebensgefahr warnen. Denkt man an Streicheleinheiten, Massagen und andere Berührungen, so bedeuten diese für die meisten Menschen etwas Schönes und Angenehmes.

---

2   An dieser Stelle eine gut verständliche Kurzerklärung, was „haptisch" beziehungsweise „taktil" meint: „Taktil" bedeutet, du wirst berührt, etwa bei Liebkosungen, Umarmungen oder bei einer Massage. Du bist inaktiv. „Haptisch" hingegen meint, dass du selber aktiv wirst und etwas oder jemanden berührst, wie etwa beim Streicheln deines Hundes oder beim Überprüfen von der Frische eines Obstes.

Fünf kleine Sinnesmännchen

Altersgruppe:

KIGA+

Material:

Farbe/Stifte, alternativ vorgefertigte Fingerkuppen, eventuell Bilder, Lebensmittel oder Gegenstände

Zeit:

**

Bemerkungen:

Statt der etwas zeitaufwendigen Bemalung kannst du Fingerkuppen aus alten Handschuhen oder aus Filz herstellen, die dein Kind bei Bedarf einfach nur überstülpen muss. Übrigens wirst du sehen, dass Kinder diese Achtsamkeitsübung als Rollenspiel ansehen und die unterschiedlichen Finger mit verschiedenen Sprachmelodien antworten lassen.

Idealerweise gehört es zu der Übung, dass es etwas zu probieren und zu riechen beziehungsweise zu hören gibt. Fotos erlauben nur ein fiktives Schmecken, Fühlen, Riechen und Hören. Daher eignen sie sich eher für ältere Kinder. Für jüngere Kinder empfehle ich: Orangensaft, Zitrone, Stoff, einen Stein, ein quietschendes Gummitier, eine Glocke, Zucker, Salzstange, Walnuss in der Schale, Lavendel etc.

Durchführung:

Stelle Situationen her, in denen es etwas zum Hören, Sehen, Schmecken, Fühlen und Riechen gibt. Das können entweder Bilder sein oder dem Kind bekannte Lebensmittel beziehungsweise Gegenstände. Auch ein Aufenthalt im Wald bietet sich an.

Male auf jede Fingerkuppe deines Kindes mit abwaschbarer Farbe ein bestimmtes Gesicht, Männchen oder Symbol, das den jeweiligen Sinn verkörpern soll. Kinder lieben es, wenn du den Fingern Namen gibst. Den könnt ihr gemeinsam überlegen.

Mein Vorschlag:

Gucki (Sehen), Höri (Hören), Fühli (Fühlen), Riechi (Riechen) und Schmecki (Schmecken).

Nun beginnt die Übung, indem du einen bestimmten Gegenstand oder ein Bild vor dein Kind legst und einen bestimmten Finger antippst. Fordere jetzt dein Kind auf, zu benennen, was es gerade entsprechend dem Finger sehen, hören, schmecken, riechen oder fühlen kann beziehungsweise tut. Habt ihr die Übung schon öfters gemacht, erübrigen sich die Fragen und dein Kind weiß von alleine, was es sagen muss.

Je nach Situation kannst du selbstverständlich auch bestimmte Finger auslassen.

Alternativvorschlag für eine Übung in der Gruppe:

In der ersten Runde immer der Reihe nach den gleichen Finger antippen. Daraufhin muss dieses Kind sagen, was zu dem entsprechenden Sinnesmännchen passend ist (Beispiel: Schmeckie → bitter). Sinn der Sache ist, dass Kinder erkennen, es gibt individuelle Wahrnehmungen.

Blindes Schleckermäulchen

Altersgruppe:	Material:	Zeit:
KIGA	verschiedene Lebensmittel, kleine Tellerchen, Augenbinde	**

Bemerkungen:

Gefragt sind der Geruchs- vor allem aber der Geschmacks-sinn. Ältere Kinder kann man auffordern, nicht nur zu sagen, **was** es schmeckt, son-dern auch, **wie** es schmeckt (sauer, süß...).

Durchführung:

Bereite verschiedene kleine „Appetithäppchen" vor (Apfelstückchen, ein Stück Zitrone, Brotwürfel, etwas Süßes etc.) und lege sie je-weils auf einen gesonderten Teller. Dabei kann dir dein Kind entweder zuschauen oder aber – was spannender ist – du machst es geheim. Verbinde deinem Kind die Au-gen und lasse es zunächst an den einzelnen Lebensmitteln riechen. Anschließend soll es vermuten, was es da gero-chen haben könnte. Danach darf probiert und die erste Vermutung revidiert oder be-kräftigt werden.

Achtung – fertig – riech!

Altersgruppe:	Material:	Zeit:
Grundschule (evtl. Grundschule+)	verschiedene Duftstoffe wie beispielsweise Kräuter, Öle etc., eventuell etwas Watte, Augenbinde, kleine (Film)Döschen	**

Bemerkungen:

Besonders gut eignen sich Filmdöschen, Diabetiker, die Teststreifen benötigen, können ihre Teststreifen-Döschen beisteuern. Ansonsten gibt es kleine Gefäße im Handel (siehe Seite 206). Wichtig ist, dass sie einen Deckel haben, damit sich der Duft nicht zu schnell verflüchtigt. Schneide von verschiedenen riechenden Dingen kleine Stücke und gib sie ins Döschen. Flüssige Düfte wie beispielsweise Duftöle kannst du auf Watte träufeln.

Nicht vergessen:

Für die Übungs-Variante 1 benötigst du immer zwei gleich gefüllte Döschen.

Als Riechproben bieten sich an: verschiedene Duftöle, geriebene Zitronenschale, Minzeblätter, Gewürze, Kaffee, frische Tannennadeln etc. Damit du selber noch weißt, was in welchem Behälter ist, kannst du die Döschen durchnummerieren und dir den dazugehörenden Duft aufschreiben.

Durchführung:

Verbinde deinem Kind die Augen. Auf dem Tisch stehen verschiedene präparierte (Film)Döschen. Diese werden von deinem Kind nach Belieben geöffnet.

Variante 1 (für Grundschule):

Stets zwei Döschen haben den gleichen Duft. Dein Kind muss à la Memory erkennen, welche beiden Döschen gleich riechen. Im Idealfall kann es auch benennen, nach was es riecht.

Variante 2 (für Grundschule+):

Dein Kind riecht daran und muss erkennen, nach was es riecht.

Achtung – fertig – hör!

Altersgruppe:	Material:	Zeit:
Grundschule+	Dosen/kleinere Boxen oder Büchsen, verschiedene Gegenstände, evtl. Augenbinde	**

Bemerkungen:

Diese Achtsamkeitsübung kann auch mit offenen Augen durchgeführt werden; geschlossene führen jedoch zu besserer Konzentration.

Wichtig ist, dass die Behälter alle gleich aussehen. Zur besseren Erkennung kannst du sie durchnummerieren und dir aufschreiben, was wo drin ist. Für die erste Übungs-Variante musst du immer je zwei Behälter gleichen Inhalts bereithalten.

Als Inhalt eignen sich:

Reis, Zucker, Murmeln oder Holzkugeln, Büroklammern, Wasser, 1-2 mittelgroße Kieselsteine etc. Behälter kannst du entweder für wenig Geld im Handel kaufen oder aber leere Kaffeebüchsen oder Ähnliches nehmen. Wichtig ist, dass die Behälter einen Deckel haben.

Durchführung:

Verbinde deinem Kind die Augen. Auf dem Tisch stehen verschiedene präparierte Gefäße, die äußerlich gleich sind. Diese werden von deinem Kind einzeln geschüttelt.

Variante 1:

Immer zwei Behälter haben den gleichen Inhalt. Dein Kind muss à la Memory erkennen, welche beiden Döschen gleich klingen und somit gleichen Inhalts sind. Im Idealfall kann es auch noch erkennen, was sich in dem Behälter befindet.

Variante 2:

Dein Kind schüttelt und muss erkennen, was in dem Behälter ist. Das ist die schwierigere Übung, die jedoch bei häufigerem Training immer besser klappt.

Achtung – fertig – fühl!

Altersgruppe:

Grundschule

Material:

Schuhkarton, Stoffrest, verschiedene Dinge zum Erfühlen

Zeit:

** bis ***

Bemerkungen:

Nimm einen möglichst großen Schuhkarton mit Deckel. Schneide in eine der Stirnseiten eine Öffnung, sodass eine Kinderhand hindurch passt. Klebe oder tackere ein Stück Stoff an den Karton, sodass der Einlass verdeckt ist. Fülle nun verschiedene Dinge aus möglichst verschiedenartigem Material in den Karton. Schön ist, wenn du zuvor gemeinsam mit deinem Kind den Karton verschönerst, also anmalst oder beklebst. Im Handel gibt es auch fertige Fühlboxen (siehe Seite 207).

Vorschläge für den Fühl-Inhalt:

etwas aus Gummi, etwas aus Metall, etwas aus Holz, etwas aus Plastik, etwas aus Papier oder Pappe, etwas Glattes, etwas Raues, etwas Weiches, etwas Fellartiges, etwas Rundes, etwas Eckiges, Watte, Korken, Schwamm, Sandpapier, Seidenpapier, Pinsel, Radiergummi, Stift, Tannenzapfen, Kastanie, Murmel, Stein etc.

Durchführung:

Stelle den zuvor präparierten Schuhkarton vor dein Kind. Nun soll es durch Tasten erkennen, welcher Gegenstand sich darin befindet.

Essen mit allen Sinnen

Altersgruppe:	Material:	Zeit:
Grundschule	verschiedene Lebensmittel, Augenbinde	* bis **

Bemerkungen:

Ich habe hier exemplarisch einen Apfel genommen. Das kann jedoch mit allem Essbaren vollzogen werden, selbst beim gemeinsamen Frühstück, Mittagessen oder Abendbrot. Als einzelne Angebote solltest du das nehmen, was dein Kind gerne isst. Besonders eignen sich Dinge, die verschiedene offensichtliche Merkmale wie einen besonderen Geruch, einen speziellen Geschmack oder ein interessantes Aussehen haben. Beispiele könnten sein: eine Zitrusfrucht, eine Walnuss, eine Gurke, ein Stück Schokolade (Aber Achtung, diese schmilzt schnell in der Hand und ist daher nur bedingt geeignet. Vielleicht umwickelst du sie daher mit einem Stück Alufolie an der Stelle, wo dein Kind die Schokolade anfasst.), ein Stück Brot mit Körnern, ein Stück Käse etc.

Generell ist dies eine besondere Übung, sich zu fokussieren und nicht alles um sich herum nur halb aufzunehmen. Eine ideale Übung, um achtsam mit dem Essen umzugehen. Das ist nicht nur aus diesem Blickwinkel heraus wichtig, sondern verführt dazu, letztendlich langsam und genussvoll zu essen und somit in letzter Konsequenz gesund zu essen. Schlingen ist ungesund, bewusst kauen und essen hingegen sehr gesund!

Durchführung:

Verbinde deinem Kind die Augen und gib ihm einen Apfel in die Hand. Zunächst soll es diesen abtasten (taktile Wahrnehmung) und beschreiben, wie er sich anfühlt. (*„Ist er glatt, rau, weich, hart oder glitschig?"*) Anschließend darf dein Kind die Augenbinde abnehmen. Nun fordere es auf, den Apfel genau zu betrachten (visuelle Wahrnehmung) und ihn dir so genau wie möglich zu beschreiben. (*„Welche Form, welche Farbe, welche Größe hat er?"*) Als nächstes soll es am Apfel riechen (olfaktorische Wahrnehmung). In den meisten Fällen wirst du zu hören bekommen „Es riecht nach Apfel" oder „Es riecht nach nichts". Das ist auch zu akzeptieren. Der nächste Schritt ist etwas dubios, denn dein Kind soll den Apfel an sein Ohr legen und hören (auditive Wahrnehmung). Im Prinzip ist nichts zu hören. Manche Kinder aber haben so viel Fantasie, dass sie den Apfel sogar reden hören. Lass dein Kind erzählen, unterbrich es nicht. Ich persönlich finde es jedes Mal schön, wenn Kinder derart viel Fantasie haben und sie ausleben können. Bleibt zum Schluss natürlich das Schmecken, auf das dein Kind ganz bestimmt schon lange wartet. Es darf also kräftig in den Apfel beißen (gustatorische Wahrnehmung). Bitte es, sehr langsam – nenne es kindgerecht „Zeitlupenessen" – zu kauen und das Zerkaute ein wenig im Mund zu belassen. Natürlich erwartest du, dass es dir nun erzählt, wie es schmeckt. Tut es das nicht, frage nach. (*„Schmeckt er süß, sauer oder saftig?"*)

Körper & Atmung

Manchmal verlangen wir viel von unserem Körper, aber auch unser Körper verlangt einiges von uns. Im Prinzip ist es ein Geben und Nehmen. Jede Körperzelle benötigt Sauerstoff, den wiederum bekommen wir durchs Atmen. Normalerweise funktioniert die Atmung unbewusst, aber Stress, Angst und Ärger stören den normalen Atemrhythmus und somit eine gesunde Atmung. Die Folge ist: Der Körper wird unterversorgt. Daher ist es wichtig, dass wir nicht nur mit unserem Körper allgemein, sondern auch mit der Atmung im Besonderen achtsam umgehen.

Richtig und bewusst atmen kannst du lernen, dazu bedarf es lediglich etwas Trainings. Die folgenden Achtsamkeitsübungen sollen deinem Kind helfen, seinen Körper (besser) kennen und verstehen zu lernen sowie achtsam atmen zu können. Richtiges (Durch)Atmen hilft, Ängste und Stress abzubauen und somit unseren Körper gesund zu erhalten.

Körper

Bauch redet mit Kuscheltier

Altersgruppe:	Material:	Zeit:
KIGA (bis max. Grundschule 1. Klasse)	Lieblingskuscheltier, kleines Glöckchen	* bis **

Bemerkungen:

Diese Übung ist nicht schwierig, jedoch braucht es vielleicht mehrere Wiederholungen, damit „der Bauch wirklich redet".

Tipp:

Vielleicht kannst du das Glöckchen mit einer Sicherheitsnadel an das Teddy-Ohr, den Elefantenrüssel oder Ähnliches hängen. Vielleicht bist du ja auch besonders ideenreich und geschickt, sodass du eine Art Halterung für das Glöckchen bastelst, an der es frei schwingen und läuten kann. Wichtig ist, dass das Glöckchen möglichst „frei" hängt, sodass es läuten kann und dass das Kuscheltier weich und nicht zu schwer ist.

Sollte dein Kind nichts bemerkt haben, kannst du ja vielleicht auch ein Video aufnehmen, auf dem das Kuscheltier zu sehen ist, wie es sich mit der Atmung auf dem Bauch bewegt. Egal wie, das wichtigste Ziel ist erreicht: Dein Kind hat tief und gleichmäßig geatmet.

Durchführung:

Dein Kind legt sich auf den Rücken, so dass es bequem liegt. Die Arme sind am Körper, die Beine leicht gespreizt. Nun hängst du dem Lieblingskuscheltier deines Kindes ein kleines Glöckchen an und platzierst das Tierchen auf dem Bauch deines Kindes. Dann gibst du langsam und ruhig folgendes Kommando: *„Bauch, rede mit dem Kuscheltier"* sowie *„(Name des Kindes) atme tief durch die Nase ein, bis hinunter zu den* *Füßen – jetzt atme wieder tief durch den Mund aus"*. Das Ganze kannst du drei bis fünf Mal wiederholen.

Fordere dein Kind nach der Übung auf, dir zu erzählen, was es bemerkt hat. Im Idealfall hat das Glöckchen geläutet. Ansonsten sollte das Kind bemerkt haben, dass das Lieblingstier/der Teddy sich mit dem Bauch bewegt hat.

Zeitlupe

Altersgruppe:

KIGA+

Material:

--

Zeit:

*

Bemerkungen:

Eine ganz leichte Übung, bei der es in erster Linie darauf ankommt, die Balance zu halten, den Körper zu beherrschen und möglichst bewusst dabei zu atmen. Am besten führt ihr diese Übung zusammen aus, du wirst sehen, es macht Spaß und entschleunigt.

Wichtig:

Stets nur eine Tätigkeit und nur über einen kurzen Zeitraum hin ausführen.

Durchführung:

Übt zusammen alltägliche Dinge wie Anziehen, Zähne putzen etc. in Zeitlupe aus, achtet dabei genau auf eure Atmung.

Glühwürmchen Elfriede

Altersgruppe:	Material:	Zeit:
KIGA	--	*

Bemerkungen:

Bei dieser Achtsamkeitsübung geht es um die Sensibilisierung für den eigenen Körper. Als Steigerung kannst du zwei Stellen gleichzeitig auswählen. Willst du einen zusätzlichen Lerneffekt erzielen, lasse dein Kind die jeweiligen Körperteile/Körperpartien benennen.

Durchführung:

Verbinde deinem Kind die Augen und tippe dann mit deinem Finger eine bestimmte Stelle seines Körpers an. Dabei kannst du ihm mitteilen, dass ihn jetzt das Glühwürmchen Elfriede besucht und/oder Summ-Geräusche nachahmen. Fordere nun dein Kind auf, sich an genau dieser Stelle mit seinem eigenen Finger zu berühren.

Körpermaler

Altersgruppe:	Material:	Zeit:
KIGA+	--	*

Bemerkungen:

Bitte keine komplexen Bilder. Schulkinder können auch Buchstaben oder Zahlen auf den Rücken gemalt bekommen. Gute Motive sind einfache Formen oder Motive wie Sonne, Baum oder Ball. Etwas schwieriger zu erraten sind: stilisierte Sachen wie ein Schneemann, ein Männchen, ein Auto oder ein Gesicht.

Durchführung:

„Male" mit deinem Finger etwas auf den Rücken deines Kindes und lasse es „erspüren", was du dargestellt hast. Tauscht auch mal die Rollen.

Kummer-Putztag

Altersgruppe:	Material:	Zeit:
KIGA (ideal auch für 12+, wenn sie sich darauf einlassen)	--	**

Bemerkungen:

Bei den ersten Übungen musst du Anweisungen geben und die einzelnen Übungsphasen vormachen. Später wird es dein Kind schaffen, in Stress- oder Krisensituationen das „Ungute" ohne Anleitung aus sich herauszuputzen.

Manchen Kindern tut es gut, wenn sie dabei so etwas wie „Hau ab, du blöder Kummer!" oder „Geh weg, du doofe Angst" sagen können. Überlasse das deinem Kind.

Wenn du magst, kannst du dein Kind vor der Übung fragen, ob es etwas gibt, worüber es sich gerade ärgert, wovor es Angst hat oder ob es sich momentan schlecht fühlt und warum. Du solltest es aber auch zulassen, dass es dir vielleicht nichts sagen möchte oder kann.

Durchführung:

Für die Übung stellt ihr euch – wegen der besseren Standfestigkeit – ein wenig breitbeinig gegenüber. Nun sagst du deinem Kind, dass ihr jetzt gemeinsam den Ärger, den Kummer, die Wut oder die Angst, also alle schlechten Gefühle aus eurem Körper herausputzen möchtet. Dabei kann es sich um etwas Konkretes, Allgemeines oder aber um etwas Allgemeines handeln.

Beginnt bei den Haaren am Kopf und streicht mehrmals ganz sanft dort entlang, so als wolltet ihr Dreck wegfegen. Dann geht über den Hals, die Schultern, zur Brust und zum Bauch, schließlich sind die Arme und die Hände sowie die Beine und die Füße dran. Bezüglich des Rückens könnt ihr euch abschließend gegenseitig helfen.

Versucht bei der Übung möglichst beide Hände aktiv werden zu lassen sowie gleichmäßig durch die Nase ein- und durch den Mund auszuatmen.

Eismaschine

Altersgruppe:

KIGA

Material:

Klangschale oder Glöckchen

Zeit:

* bis **

Bemerkungen:

Bei dieser spielerischen För-derung der Körperbeherr-schung könnt (und solltet) ihr auch mal die Rollen tauschen. Die Übung „Eismaschine" ist auch gut mit Gruppen durch-führbar, etwa im Sportunter-richt oder auf dem Pausenhof.

Ältere Kinder schaffen es, länger in der „Erstarrung" auszuharren und anschlie-ßend vielleicht noch zu erzäh-len, wie es ihnen während der Ruhephase ging.

Durchführung:

Du bist die Eismaschine und kannst dein Kind „einfrie-ren". Dein Kind bewegt sich frei im Raum oder draußen. Auf ein bestimmtes Signal hin – etwa das Anschlagen einer Klangschale – muss es in der Bewegung erstarren, in der es gerade ist. Auf ein sich wiederholendes Signal hin wird es „aufgetaut" und kann sich wieder frei bewegen.

Hilfe, die Tiere sind los!

Altersgruppe:	Material:	Zeit:
KIGA	Klangschale	**

Bemerkungen:

Bei dieser Übung geht es um den Wechsel zwischen Lautstärke und Stille beziehungsweise Bewegung und Erstarrung. Besonders gut lässt sich das Ganze mit mehreren Kindern praktizieren.

Durchführung:

Dein Kind sucht sich ein Tier oder ein Ding aus, in das es sich von dir verzaubern lassen möchte. Dann hoppelt, läuft, rennt, hüpft, schreitet oder schlängelt es durch den Raum oder den Garten und stößt dabei die passenden Laute aus. Wenn du die Klangschale erklingen lässt, muss dein Kind wie erstarrt stehen bleiben. In dieser Stellung verharrt es, bis der Ton der Klangschale verklungen ist. Dann erwacht das Tier/Ding wieder zum Leben und es kann weitergehen.

Probiert verschiedene Tiere/ Dinge aus. Das können sein: ein Hund, eine Katze, eine Schlange, ein Frosch, ein Rennauto, Gewitter, ein Zug, ein Flugzeug und vieles andere mehr.

Variante:

Dein Kind verwandelt sich selber in etwas, und du musst erraten, was es ist.

Wettermassage

Altersgruppe:	Material:	Zeit:
KIGA	Entspannungsmusik, eventuell Igelball	* bis **

Bemerkungen:

Die einzelnen „Wetterphasen" können beliebig wiederholt, ausgelassen oder verändert werden. Wichtig ist, eine ruhige Ausgangsatmosphäre zu schaffen, damit sich dein Kind auf diese Achtsamkeitsübung einlassen kann. Entspannungsmusik im Hintergrund ist von Vorteil. Wenn ihr beide es mögt, kannst du auch einen Igelball benutzen.

Idealerweise sind die Augen deines Kindes geschlossen, akzeptiere es jedoch, wenn es das nicht möchte.

Durchführung:

Am besten legt sich dein Kind auf den Bauch oder aber setzt sich mit dem Rücken zu dir hin. Nun beginnt die Wettermassage, bei der du der „Wettermacher" bist und dein Kind das Wetter körperlich erlebt. Sprich dabei mit ruhiger Stimme und führe die Bewegungen so aus, dass sie dein Kind als angenehm empfindet. Am besten vereinbart ihr ein Zeichen, mit dem es dir signalisiert, dass es jetzt genug von dem entsprechenden Wetter hat (Wo kann man schon sonst das Wetter eigenmächtig stoppen!?).

Im Anschluss an die Wettermassage solltest du dein Kind fragen, wie es ihm dabei erging, welches Wetter ihm am besten gefallen hat und warum. Ältere Kinder kannst du dazu auffordern, bei dir „Wettermacher" zu spielen.

Textvorschlag & Ausführungs-Tipps:

- *Es ist ein sanfter, lauer Tag.* (Du streichelst deinem Kind sanft über den kompletten Rücken.)
- *Plötzlich kommt ein Wind auf.* (Erhöhe den Druck ein wenig!)

- *Der Wind wird allmählich zum Sturm.* (Streiche wild über den Rücken.)

- *Da fallen auch schon die ersten Regentropfen.* (Klopfe mit den Fingern sacht auf dem Rücken herum.)

- *Der Regen wird stärker und stärker.* (Klopfe immer fester und schneller, jedoch nie so, dass es wehtut!)

- Oh, nun kommt auch noch Hagel hinzu. (Klopfe intensiver, etwa mit der ganzen Faust.)

- *Und nun – O Schreck! – zieht auch noch ein Gewitter auf!* (Wische und klopfe auf dem Rücken wild durcheinander.)

- *Es blitzt...* (Fahre im Zickzack über den Rücken.)

- *...und donnert* (Klopfe mit den Fäusten ein- bis zweimal auf den Rücken. Nicht zu fest!)

- *Doch was sehe ich da?* (Ruhepause!)

- *Die Sonne lugt zwischen den Wolken hervor und macht alles wieder trocken und angenehm warm.* (Streiche sanft über den Rücken.)

Rücken-Pizza

Altersgruppe:	Material:	Zeit:
KIGA	Entspannungsmusik, eventuell Igelball	**

Bemerkungen:

Pizza ist etwas, was alle Kinder gerne essen und wobei auch viele schon bei der Zubereitung geholfen haben. Daher können sie sich auch leichter auf die Übung einlassen.

Sorge als Ausgangslage für eine ruhige, entspannte Atmosphäre. Zur besseren Entspannung kann im Hintergrund Entspannungsmusik laufen.

Durchführung:

Dein Kind sollte sich auf den Rücken legen oder aber sich bequem (mit dem Rücken zu dir) hinsetzen. Erkläre ihm, dass du jetzt auf seinem Rücken eine leckere Pizza backst. Wenn du magst, kannst du es auch fragen, was es gerne auf der Pizza haben möchte. Das motiviert.

Sprich dabei mit ruhiger Stimme und führe deine Bewegungen so aus, dass sie dein Kind als angenehm emp-findet. Am besten vereinbart ihr ein Zeichen, mit dem es dir signalisieren kann, wenn es die Berührung nicht mehr als angenehm empfindet.

Textvorschlag & Ausführungs-Tipps:

- *Zunächst bereite ich den Teig vor und gebe Mehl in eine Schüssel.* (Klopfe mit deinen Fingern sanft über den Rücken.)

- *Jetzt brösele ich Hefe aufs Mehl, gebe Wasser und Salz dazu.* (Klopfe weiter...)

- *Nun muss alles verrührt werden.* (Fahre mit den flachen Händen in sanften, kreisenden Bewegungen über den Rücken.)

- *Nun muss der Teig etwas ruhen.* (Ruhepause! Lass dabei aber deine Hand flach auf dem Rücken liegen.)

- *Jetzt wird der Pizza-Teig gut durchgeknetet.* (Massiere den Rücken kräftig, aber nicht zu fest.)

- *Mit einem Nudelholz wird der Teig nun platt ausgerollt.* (Tu so, als würdest du mehrmals mit einem Nudelholz über den Rücken fahren.)

- *Jetzt belegen wir die Pizza. Zuerst wird die Tomatensoße verteilt.* (Wieder sanft mit der flachen Hand über den Rücken streichen. Dazu eignet sich auch ein Igelball.)

- *Dann kommen...* (Nenne nacheinander verschiedene Dinge, wobei du zwischen leicht klopfen, kurz streichen etc. variieren kannst.)

- *Zum Schluss schiebe ich die Pizza in den Backofen.* (Schiebe dein Kind einmal kurz an und nimm es liebevoll in den Arm.)

Atmung

Feen-Besuch

Altersgruppe:

Grundschule (evtl. bereits KIGA+ sowie in abgewandelter Form 12+)

Material:

Entspannungsmusik

Zeit:

**

Bemerkungen:

Zähle beim Ein- und Ausatmen jeweils hörbar bis drei oder vier mit. Ältere Kinder sollen anschließend beschreiben, was mit ihrer Hand beziehungsweise ihrem Bauch passiert ist (die Bauchdecke wölbt beziehungsweise senkt sich). Aber auch jüngere Kinder können es spüren und eventuell sogar verbalisieren.

Diese Atemtechnik sollte im Laufe der Zeit in Fleisch und Blut übergehen und auch älteren Schülern und Erwachsenen helfen, Stresssituationen „wegzuatmen".

Durchführung:

Dein Kind legt sich auf eine weiche, gemütliche Unterlage, am besten auf den Boden oder ins Gras. Dabei schließt es die Augen (Nur wenn es möchte!) und legt seine Hände auf den Bauch. Fordere es auf, bei der folgenden Achtsamkeitsübung darauf zu achten, was der Bauch mit den Händen macht.

Erzähle ihm, dass euch gleich eine Fee besucht. Warte einen Moment ab. Stille! Dann folgt dein Kommando: „*Atme den Feenstaub, den die Fee gerade verstreut, tief durch die Nase ein und lasse ihn durch den ganzen Körper strömen.*" Stille! Dein nächstes Kommando lautet: „*Atme durch den Mund aus und puste dabei die Kerze aus, die die Fee vergessen hat zu löschen.*"

Wiederhole das Ganze maximal drei- bis vier Mal.

Gut gebrüllt, Löwe!

Altersgruppe:	Material:	Zeit:
KIGA	--	*

Bemerkungen:

Diese Übung entlässt Anspannungen aus dem Körper und befreit von „Druck". Statt eines Löwen kannst du auch einen Elefanten nehmen, der trompetet. Jüngere Kinder ahmen gerne Benjamin Blümchen nach.

Durchführung:

Nehmt eine bequeme Sitzhaltung ein. Atmet tief durch die Nase ein, sodass sich euer Bauch mit Luft füllt. Dann sperrt den Mund zum Ausatmen so weit wie möglich auf und lasst ein lautes „Buaaaaaah" als Löwengebrüll hören. Diese kurze Sequenz sollte mehrmals wiederholt werden.

Puste mit Zauberkräften

Altersgruppe:	Material:	Zeit:
KIGA	Watte, Tisch	* bis **

Bemerkungen:

Dein Kind erlebt bei dieser spielerischen Förderung des richtigen Atmens ganz bewusst seine Atmung und deren Kraft.

Durchführung:

Stellt euch an einem Tisch an gegenüberliegenden Seiten auf. Nehmt ein Wattebällchen und versucht, es euch über den Tisch hinweg zuzupusten, sodass es von der Tischkante fällt. Die Hände sollten dabei auf dem Rücken bleiben.

Meditation

Das Wort „Meditieren" kommt vom lateinischen „meditare" und bedeutet so viel wie „nachdenken". Hierzulande versteht man unter Meditation allgemein unterschiedliche Formen der Entspannung. Entspannung schafft Zufriedenheit sowie automatische Reduzierung von Stress, Selbstzweifel und Angstgefühlen.

Meditation will außerdem die Befähigung zur Konzentration, zur Aufmerksamkeit beziehungsweise zur Achtsamkeit und zur Empathie schulen, wenngleich all das nicht das oberste Ziel einer Meditation, sondern vielmehr ein freudiges „Neben-Produkt" ist.

Worum geht es aber dann bei der Meditation? Im Prinzip geht es „einfach" nur um Stille, um „In-sich-Hineinhören". Besser noch gesagt: Meditation bedeutet, einfach da zu sein, ohne sich dem Stress auszusetzen, etwas zu wollen. Also ein Leben im Hier und Jetzt. Und genau das kommt Kindern sehr entgegen: Kinder leben von Natur aus die meiste Zeit im Hier und Jetzt. Sie versinken vollkommen im Spiel und vergessen alles um sich herum. Sie tanzen, ohne tanzen zu müssen, sie laufen, ohne laufen zu müssen, sie tun viele Dinge aus sich heraus, ohne dass sie jemand dazu auffordert.

Meditieren mit Kindern ist ein breites und immer stärker hervortretendes Feld, das man entweder in professionelle Hand geben oder aber auch gut als (Groß)Eltern oder

Erzieher mit ihnen durchführen kann. Neben Ruhe und Entspannung lernen die Kinder zudem, dass sie ihre Gedanken lenken können.

Studien haben gezeigt, dass regelmäßig meditierende Kinder nicht nur selbstsicherer und ausgeglichener, sondern auch gesünder sind, da die Meditation unter anderem einen positiven Einfluss auf das Immunsystem hat.

Reise in meinen Körper (Körper-Scan)

Altersgruppe:	Material:	Zeit:
Grundschule (manchmal auch bereits ab KIGA+)	eine weiche Unterlage, evtl. Entspannungsmusik	** bis ***

Bemerkungen:

Body- oder auch Körper-Scan hat seinen Ursprung in der über 2.500 Jahre alten buddhistischen Vipassana-Tradition, einer indischen Meditationstechnik, die zur Heilung bestimmter Krankheiten angewandt wird. Ziel ist es dabei, die Beziehung zwischen Körper und Geist zu verbessern und somit ein allgemeines Wohlgefühl sowie eine innere Ruhe zu erlangen.

Dabei fällt mir immer der beinahe 2.000 Jahre alte Spruch des römischen Dichters Juvenal (60-140 n. Chr.) ein: „Mens sana in corpore sano". Übersetzt bedeutet es so viel wie „Ein gesunder Geist (wohnt) in einem gesunden Körper". Allerdings ist das Zitat aus dem Kontext herausgerissen. Juvenal wollte keinesfalls behaupten, dass ein gesunder Geist **nur** in einem gesunden Körper steckt, vielmehr forderte er die Menschheit dazu auf, um „einen gesunden Geist in einem gesunden Körper" zu bitten. Und genau darin besteht die Verbindung zu unserer Achtsamkeits-übung: Training von Geist und Körper.

Willst du selber aktiv mit-machen, bitte jemanden anderen, die „Reiseleitung" zu übernehmen oder spiel eine zuvor besprochene Audio-Version ab. Begleitest du dein Kind aktiv auf seiner Körperreise, beweist es nicht nur deine Vorbildfunktion, sondern auch eure emotio-nale Verbundenheit. Nachteil, wenn du die Reise nicht direkt als Reiseleiterin kommen-tierst: Du kannst dich nicht auf die akute Situation bezüglich Pausen etc. einlassen.

Die Reise in den eigenen Kör-per kann besonders dann zum Einsatz kommen, wenn du merkst, dass dein Kind zappe-lig, nervös, angespannt oder gestresst ist. Du solltest aber keineswegs auf eine derartige Situation warten, um das ers-te Mal eine solche Körperreise mit deinem Kind zu starten. Vielmehr übe den Ablauf mit ihm situations**un**abhängig, damit diese Entspannung für dein Kind als eine Art Erste-Hilfe zu passenden Gelegen-

heiten angewandt werden kann. Die Übung ist außerdem ein ideales Ritual vorm Zu-bettgehen.

Wichtig für die Übung ist Folgendes:

- Stelle sicher, dass dein Kind die Bezeichnungen für die einzelnen Körper-teile kennt. Wenn nicht, müsst ihr die Vokabeln vorher üben. (Eine päd-agogisch wertvolle, spie-lerische Förderung des passiven Wortschatzes!)

- Erkläre vorher nicht zu viel, legt einfach los!

- Übe keinen Druck aus, wenn es nicht klappt, klappt es nicht! Dann brich einfach ab!

- Die Pausen zwischen den einzelnen Schritten soll-ten eingehalten werden, jedoch nicht zu lange sein.

- Brich generell ab oder verkürze die Schritte, wenn du merkst, dass dein Kind zu unruhig wird.

- Eine kurze Reflexion im Anschluss sollte (freiwillig) erfolgen.

Durchführung:

Dein Kind soll sich mit dem Rücken auf eine weiche Unterlage – am besten auf eine Gymnastik- oder eine Yoga-Matte – legen und entspannen. Leise Entspannungsmusik im Hintergrund ist ideal. Achte bei deinem Kind auf bequeme Kleidung und darauf, dass es keine Schuhe trägt.

Wichtig ist, dass die Beine ausgestreckt sind und die Arme neben dem Körper liegen. Wenn möglich, sollte es die Augen schließen (Bitte nicht erzwingen!). Nun wird ein paarmal tief ein- und ausgeatmet. Vielleicht kannst du dein Kind dabei an die Achtsamkeitsübung „Bauch redet mit Kuscheltier" unter dem Punkt „Körper & Atmung"/ „Körper" auf Seite 54 erinnern, falls ihr diese schon einmal durchgeführt habt. Soweit die Reisevorbereitungen, und jetzt geht die Reise los!

Sie beginnt bei den Füßen und endet am Kopf. Als „Reiseleiterin" kannst du untenstehenden Text sprechen. Ich zeige dir dort auch, wann du eine Pause einlegen solltest. Sprich bitte ruhig und leise.

Am Ende der Übung, wenn dein Kind bereit ist, aufzustehen, solltest du es am besten noch fragen, wie es ihm geht und wie es sich auf dieser Körperreise gefühlt hat.

Textvorschlag & Ausführungs-Tipps:

Alles, was du für deine Reise in deinen Körper brauchst, hast du schon eingepackt: dich, deinen Körper und Lust zu verreisen. Wir beginnen unsere Reise bei den Füßen. Denke an deine Füße! Wie fühlen sie sich an? Schwer oder leicht? (Pause) Warm oder kalt? (Pause) Zappelig oder ganz ruhig? (Pause) Wenn du nichts spürst, ist das auch in Ordnung. Versuche, dich ganz auf deine Füße zu konzentrieren. Vielleicht spürst du ja die Socken, die du an deinen Füßen trägst? (Pause) Wenn du es schaffst, deine Füße ruhig und entspannt auf dem Boden liegenzulassen, ist das super. (Pause)

Wenn dein Kopf an etwas anderes denken will, sage ihm, dass dein erstes Reiseziel dei-

ne Füße sind, und versuche, wieder dorthin zu kommen.

Als nächstes reisen wir zu deinen Unterschenkeln. Spürst du, wie deine Waden auf der Matte liegen? Wie fühlt sich das an? (Pause) Schwer oder leicht? (Pause) Warm oder kalt? (Pause) Zappelig oder ganz ruhig? (Pause) Vielleicht spürst du etwas ganz anderes? Das ist auch gut. (Pause) Spürst du nichts, versuche, die Waden ein wenig auf die Matte zu drücken. (Pause)

Die Reise geht weiter: Denke an deine Knie, sie sind unser nächstes Ziel. Wie fühlen sie sich an? (Pause) Konzentriere dich auf die Innenseite deines Knies, (Pause) aber auch auf dein Knie, das von der Matte abgewandt liegt. (Pause)

Auf unserer weiteren Route kommen wir zu den Oberschenkeln. Versuche, sie zu spüren. (Pause) Egal, was du spürst oder ob du gar nichts spürst, alles ist richtig. (Pause) Blicke nun auf unsere bisherige Reise zurück: Achte auf beide Beine. Sind sie entspannt? (Pause) Sind sie schwer? (Pause) Oder sind sie unruhig und wollen zappeln?

(Pause) Alles ist okay, schließlich ist beim Reisen nicht immer alles gleich und einfach.

Nun verlassen wir deine Beine und reisen zu deinem Bauch. Wie fühlt er sich an? (Pause) Spürst du, wie er sich gerade bewegt? (Pause) Atme langsam tief ein und aus, dann merkst du, wie er sich abwechselnd hebt und senkt. (Pause) Wie ist dein Bauch? Ist er voll? (Pause) Oder ist er leer und hungrig? (Pause) Spricht er vielleicht mit dir, indem er knurrt? (Pause) Wie fühlt sich die Decke/das T-Shirt/die Hose auf deinem Bauch an? Stört sie/es? (Pause) Ist sie/es schwer? (Pause) Wenn du nichts spürst, ist es nicht schlimm. (Pause) Vielleicht versuchst du noch einmal, deine Gedanken von den Füßen über die Beine zum Bauch zu navigieren. (Pause) Eine lange Reise liegt schon hinter dir. Jetzt reisen wir zu deiner Brust. Spürst du sie? (Pause) Merkst du, dass auch sie sich hebt und senkt, wenn du ein- und ausatmest? (Pause) Atme noch einmal tief durch die Nase ein und dann durch den Mund aus. (Pause)

Unsere nächste Station sind deine Hände. Lass sie einfach liegen, wie und wo sie sind. Wir besuchen sie. Sie haben es verdient, denn sie tun viel für uns. Denk mal drüber nach. (Pause) Wo liegen deine Hände? (Pause) Liegen deine Handinnenflächen auf der Matte oder zeigen sie zur Zimmerdecke? (Pause) Wie fühlen sie sich an? (Pause) Sind sie warm oder kalt? (Pause) Sind sie ruhig, ganz entspannt oder zappelig? (Pause) Gönne ihnen einen Augenblick Beachtung und denke ganz fest an sie. (Pause)

Wir reisen weiter zu deinen Armen. Wie fühlen die sich an? (Pause) Sind sie schwer oder leicht? (Pause) Konzentriere dich ein paar Atemzüge lang ganz auf deine Hände und deine Arme. (Pause)

Unsere Körperreise geht nun zu deinem Rücken. Spürst du, wie er sich beim Atmen auf die Matte drückt? (Pause) Denke nun noch einmal an die vergangene Reise zurück: An deine Füße... (Pause) an deine Knie... (Pause) an deine Oberschenkel...(Pause) an deinen Bauch... (Pause) an deine Brust... (Pause) an deine Hände... (Pause) an deine Arme... (Pause) an deinen Rücken. (Pause)

Wir sind fast am Ziel. Denke jetzt an deinen Nacken und an deine Schultern. (Pause) Versuche, sie entspannt zu halten. Lass die Schultern einfach fallen. (Pause) Wenn du merkst, dass dein Kopf alleine auf Reisen geht, versuche, ihn aufzuhalten und konzentriere dich noch zwei Atemzüge lang auf deine Schultern und deinen Nacken, ehe du weiterreist. (Pause)

Wir haben unser Endziel erreicht: Wir sind an deinem Kopf angelangt. Wie fühlt er sich an? (Pause) Ist er schwer und denkt? (Pause) Oder ist er leicht und entspannt? (Pause) Beides ist okay. (Pause) Konzentriere dich auf dein Gesicht. Wie ist es gerade? (Pause) Lächelt es? (Pause) Ist es traurig? (Pause) Ist es ängstlich? (Pause) Stell dir vor, wie es ist, wenn du freundlich guckst und lächelst. (Pause)

Es war eine schöne Reise, meinst du nicht auch? Und an schöne Reisen erinnert man sich gerne zurück. Denke da-

*her noch einmal an diese Kör-
perreise. (Pause) Stell dir zum
Abschluss noch einmal vor, du
könntest gerade jetzt auf dem
Rücken eines Schmetterlings
über deinen Körper fliegen.
(Pause) Wie liegst du gerade? (Pause) Entspannt oder
zappelig? (Pause) Spürst und
siehst du deinen Atem? (Pause)*

*Wenn du jetzt müde bist und
noch ein wenig liegen bleiben
möchtest, tue es. Wenn du
lieber aufstehen möchtest,
öffne langsam die Augen, bewege deine Beine und Arme
ein wenig, strecke und recke
dich nach allen möglichen
Richtungen und setze dich
ganz langsam auf.*

Traumreise

Altersgruppe:	Material:	Zeit:
KIGA+(Je nach Text erst ab Grundschule)	warme Unterlage, Decke, Entspannungsmusik	* bis ***

Bemerkungen:

Die Übung kann auch gut in einer (kleineren) Gruppe durchgeführt werden. Ich habe regelmäßig Traumreisen mit meinen Klassen gemacht, in denen manchmal sogar bis zu 29 Kinder waren. Geht alles, ist nur eine Frage des Platzes und des Trainings!

Lasse es zu, wenn dein Kind seine Augen nicht schließen möchte. Meditation, Entspannung muss man erst lernen. Beginne daher zunächst auch erst einmal mit kurzen Sequenzen, kurzen Traumreisen, und steigere sie immer mehr. „Kurz" bedeutet etwa 5 Minuten. Je älter die Kinder sind und je öfters diese Achtsamkeitsübungen durchgeführt wurden, desto länger kann die Traumreise dauern.

Übrigens kannst du selbst mit einem AD(H)S-Kind auf Traumreise gehen, allerdings darfst du am Anfang nicht zu viel von ihm erwarten.

Wer selbst keine passende Geschichte parat hat, findet im Handel verschiedene

Bücher und CDs mit Fantasie- beziehungsweise Traumreisen für Kinder. Einige Empfehlungen gebe ich dir im Anhang unter „Materialien & Bezugsquellen" (Seite 203). Sie sind natürlich subjektiv ausgesucht.

Auch ich habe dir zwei der Traumreisen, die ich für meine Grundschüler ausgedacht hatte, aufgeschrieben. Siehe dazu im Anhang auf der Seite 177 ff. nach. Aufgrund der Wortwahl sowie der Länge sind sie nur bedingt für KIGA+-Kinder geeignet.

Suche als imaginäres Reiseziel eine passende, ruhige Umgebung (blühende Wiese, lichter Wald etc.) aus und mache immer wieder Pausen, damit dein Kind sich dort und auch auf den anderen Etappenzielen wiederfinden kann. Bei der Reiserückkehr musst du wieder am Ausgangsort ankommen. Auch Arme und Beine müssen wieder spürbar werden. Dein Kind soll sich zum Abschluss strecken, recken, gähnen und langsam aufsetzen.

Durchführung:

Dein Kind legt sich auf eine weiche Unterlage, am besten auf den Boden, und deckt sich mit einer flauschigen Decke zu. Wenn erwünscht, darf ein Kuscheltier neben das Kind gelegt werden, damit es sich nicht so alleine auf seiner Reise fühlt. Aber auch andere Sitz- und Liegepositionen sind möglich. Hauptsache, dein Kind fühlt sich wohl dabei.

Im Hintergrund sollte leise Entspannungsmusik laufen. Fordere dein Kind auf, nach Möglichkeit die Augen geschlossen zu halten. Deine Stimme ist für diese Übung leise und beruhigend. Du sprichst langsam, ein wenig monoton. Nun forderst du das Kind auf, sich jeweils nacheinander auf eine der Extremitäten zu konzentrieren, die zunächst allgemein gefühlt, dann immer wärmer und schwerer werden. Sage ihm, es soll mit dir in Gedanken den Raum verlassen. Eure Traumreise kann beginnen.

Zum Abschluss kannst du zum Erzählen oder (jüngere Kinder) zum Malen auffordern.

Fahr mal runter!

Altersgruppe:	Material:	Zeit:
KIGA+	--	* bis **

Bemerkungen:

Bei diesem kurzen Achtsamkeitstraining geht es darum, in Stress oder Angstsituationen so schnell wie möglich ruhig zu werden und entspannen zu können sowie neue Kräfte zu sammeln, um der Situation angemessen zu begegnen. Du solltest das mit deinem Kind zwischendurch immer mal wieder üben, bis es die Übung verinnerlicht hat und in entsprechenden Situationen eigenständig darauf zurückgreifen kann.

Übrigens ist es eine hervorragende Übung, um AD(H)S-Kinder innerhalb kurzer Zeit wieder zu „erden". Auch für dich selber ist es eine gute Übung.

Durchführung:

Am besten setzt sich dein Kind bequem auf den Boden oder anderswo hin. Wenn es die Situation erfordert, kann es auch einfach dort stehenbleiben, wo es gerade ist. Der nächste Schritt wäre der, dass du es aufforderst, sich einfach nur mal umzuschauen und innerlich in Gedanken aufzuzählen, was es gerade sieht. Das lenkt für einen kurzen Augenblick vom Stress oder vom momentanen Problem ab. Lasse dir anschließend von deinem Kind zehn Dinge nennen – wobei die Anzahl variabel ist –, die es gerade gesehen hat. Im nächsten Schritt forderst du dein Kind auf, genau hinzuhören, was es gerade hört. Geräusche gibt es so gut wie überall und immer, nur nehmen wir viele nicht mehr bewusst wahr. Anschließend soll es dir drei bis vier Geräusche nennen und möglichst genau beschreiben. Auch hierbei ist die Anzahl variabel. Selbst wenn es nur eines zu nennen weiß, wäre das in Ordnung.

Zum Abschluss könntest du noch eine „Schweigeminute" (oder auch zwei) einlegen und/oder dir erzählen lassen, wie es deinem Kind nun geht.

Kerzenspaziergang

Altersgruppe:	Material:	Zeit:
KIGA+/ Grundschule	Teelicht oder andere Kerze im Glas oder auf einem anderen sicheren Untergrund, Straßenmalkreide oder langes Seil, Entspannungsmusik (Alternativ: Teller, Tischtennisball oder Feder)	**

Bemerkungen:

Der gelegte Weg sollte nach Möglichkeit so sein, dass der Start gleichzeitig auch das Ziel ist. Ideal ist beispielsweise eine Spirale. Du kannst aber auch andere Fantasie-Wege, Schlangenlinien oder Kreise legen beziehungsweise malen. Wenn dir das mit der Kerze zu gefährlich erscheint, gib deinem Kind einen kleinen (Plastik)Teller mit einem Tischtennisball darauf in die Hand oder eine Feder auf die Handfläche.

Durchführung:

Lege entweder mit einem langen Seil oder mit Straßenmalkreide eine Spur fest. Das kann innerhalb eines geschlossenen Raumes oder auch draußen sein. Wichtig ist, dass es ruhig ist! Im Hintergrund kann Entspannungsmusik laufen.

Gib deinem Kind eine Kerze in die Hand. Nun soll es so auf dem Seil oder auf der Linie „balancieren", dass die Kerze nicht erlischt beziehungsweise, dass Feder oder Tischtennisball nicht zu Boden fallen.

Musik malen

Altersgruppe:

KIGA

Material:

verschiedene Musikstile, Farben (Stifte, Finger- oder Wasserfarben), möglichst großes Zeichenpapier (DIN A3)

Zeit:

** bis ***

Bemerkungen:

Musik und Malen, beides wird in der Ergo- und der Gestaltungstherapie gerne angewandt. Ich selber habe etwa fünf Jahre in der Ergotherapie mit psychisch Kranken gearbeitet und konnte aus den entstandenen Bildern sehr viel über Ängste, Gemütszustand, Vergangenheit etc. erfahren. Natürlich musst du nicht so tief gehen, aber hier ein paar Tipps:

Überwiegend dunkle Farben oder nur Grau-Schwarz-Weiß sollte hinterfragt werden, da das auf Ängste oder Traurigkeit hindeuten kann.

Monster oder blutrünstige Figuren können bedeuten, dass dein Kind vielleicht zu viel Fernsehen schaut oder nicht altersgerechte Video-Spiele spielt.

Blumen, Wiese, Schmetterlinge, frische und fröhliche, helle Farben sind Ausdruck von Freude und Zufriedenheit.

Natürlich solltest du nicht gleich in Panik verfallen, wenn dir etwas Negatives auffällt. Bei Wiederholung der genannten Merkmale allerdings solltest du aufmerksam sein.

Vereinbart zu Beginn unbedingt, dass dein Kind auch einfach nur ein „Farbbild" malen darf, wo nichts Konkretes zu erkennen ist. Auch das ist sehr aussagekräftig.

Du kannst natürlich auch dann abbrechen, wenn dein Kind meint, mit seinem Bild zu Ende zu sein.

Durchführung:

Suche dir jeweils zwei verschiedene Musikstücke aus, die konträr sein sollten. *Beispiel*: Klassik & Pop, getragene, langsame Musik & Rock' 'n Roll, Marschmusik & Naturgeräusche wie Vogelgezwitscher oder Wasserplätschern. Gib deinem Kind Farben – am besten die, mit denen es am liebsten malt – und ein großes Zeichenblockpapier, das du in der Mitte faltest oder mit einem Strich unterteilst. Spiele nun das erste Musikstück ab und lasse dein Kind auf der einen Hälfte des Blattes drauflosmalen. Nach Beendigung – spätestens jedoch nach ca. fünf bis acht Minuten – unterbrichst du die Aktion und lässt dir erzählen, was dein Kind gemalt und wie es sich gefühlt hat. Lege eine kurze „Zappelpause" (Hampelmann, Gummimännchen etc.) ein und widmet euch anschließend dem zweiten Musikstück sowie der zweiten Blatthälfte. Verfahre im Anschluss genauso wie beim ersten Teil. Lasse dir dann noch erzählen.

Yoga

Yoga bedeutet Achtsamkeitsübungen fürs eigene Ich. Achtsam mit dem eigenen Ich umzugehen ist wichtig, um sich und andere zu verstehen und um im sozialen Umfeld zurechtzukommen.

Im Vergleich zur Meditation geht es beim Yoga vorrangig um Bewegung, wobei diese Bewegung durchaus auch nach Stille verlangen kann. Während die Meditation ein Teil von Yoga-Übungen sein kann, gehören Yoga-Übungen keineswegs in den Bereich der Meditation.

Kinder-Yoga ist den Übungen der Erwachsenen angepasst, nur dass es kindgerecht verpackt ist. Es bereitet den Kids Freude, entspannt, stärkt die Muskulatur und sorgt für innere Ruhe sowie adäquaten Atem. Außerdem lernt dein Kind dabei noch, seinen Körper auf spielerische Weise zu spüren und zu beherrschen. Und das alles ganz ohne Leistungsdruck!

Gut ist, wenn du die Yoga-Übungen mit deinem Kind zusätzlich mit leiser Entspannungsmusik untermalst und eine angenehme Atmosphäre – eventuell mit Kerzenlicht und Deko – schaffst. Außerdem ist bei Yoga-Übungen auf bequeme Kleidung, ausreichend Platz sowie idealerweise eine Gymnastikmatte oder Ähnliches als Untergrund zu achten.

Kinder-Yoga-Figuren haben feststehende Namen, die ich hier auch gerne übernehme, da sie sehr kindgerecht sind.

Wenn dein Kind einige davon beherrscht, kannst du ihm auch eine kleine Geschichte erzählen, in der die einzelnen Übungen vorkommen, die dann an entsprechender Stelle von deinem Kind ausgeführt werden.

Yoga-Sequenzen sind kurz und laufen stets nach dem gleichen Schema ab:

1. In der **Aufwärmphase** kann/soll sich dein Kind bewegen. Probier es mal mit dem Hampelmann, als eine sehr wichtige Übung, die die Koordination fördert und fordert.

2. Bei der eigentlichen **Yoga-Übung** wird eine isolierte Figur oder aber eine Sequenz mit einer Geschichte durchgeführt.

3. Der **Abschlussteil** besteht aus einer Entspannungsphase. Möglich sind kurze Fantasiereisen oder eine kleine Eigen- beziehungsweise Fremdmassage, etwa mit einem Igelball.

Im Folgenden stelle ich dir ein paar mir bekannte Yoga-Figuren vor, wobei ich die Aufwärmphase sowie den Abschlussteil weglasse und nur die eigentliche Yoga-Übung benenne.

Erwarte bei den ersten Übungsversuchen nicht zu viel von deinem Kind. Überfordere es nicht, denn obwohl es so leicht aussieht, steckt ein hoher Grad an Konzentration und Arbeit drin. Generell sollen Yoga-Übungen nicht mehr als maximal 30 Minuten dauern.

Ich bin ein Baum

Altersgruppe:	Material:	Zeit:
Grundschule	--	* bis **

Baum

Bemerkungen:

Das ist eine sehr beliebte, jedoch nicht einfache Figur, für die dein Kind sehr viel Ruhe und Gleichgewichtssinn benötigt. Es muss nämlich auf einem Bein stehen und den Fuß des anderen Beines auf den Innenschenkel des Standbeins legen. Wer das nicht schafft, kann den Fuß auch weiter unten ans Fußgelenk legen.

Tipp:

Probiert es auch mit dem anderen Fuß.

Durchführung:

Eure Anweisung sollte lauten: *„Stelle dich auf ein Bein. Das ist jetzt der Stamm, der fest mit der Erde verwurzelt ist und dem kein Sturm etwas antun kann. Setze dann den Fuß des anderen Beines auf den Innenschenkel des Standbeins – kurz oberhalb des Knies."* Bis dahin sollte es vielleicht zunächst erst einmal geübt werden. Für manche Kinder reicht das vollkommen aus.

Im weiteren Verlauf könnt ihr verschiedene Situationen durchspielen, in denen sich der Baum befinden kann:

- *Ein leichter Wind weht durch die Äste* ➜ die ausgestreckten Arme schaukeln leicht hin und her, hoch und runter

- *Die Äste strecken sich nach dem Sonnenlicht* ➜ beide Arme strecken sich so weit es geht nach oben

- *Die Äste wollen ihre Freunde, die anderen Bäume begrüßen/berühren* ➜ beide Arme gleichzeitig abwechselnd nach allen vier Seiten ausstrecken

- *Die Baumkrone schaut in den Himmel* ➜ die beiden aneinandergelegten Hände liegen vor der Brust wie bei der indischen Begrüßung „Namaste" oder die beiden aneinandergelegten Hände werden über den Kopf gen Himmel beziehungsweise zur Zimmerdecke gestreckt

Ich bin ein Krieger

Altersgruppe:	Material:	Zeit:
KIGA	--	*

Krieger

Bemerkungen:

Das Standbein sollte auch mal gewechselt und somit das Gewicht verlagert werden.

Durchführung:

Gib deinem Kind folgende Anweisungen: „*Mache einen Ausfallschritt* (rechtes Bein vor und leicht in die Knie, Fuß fest auf den Boden setzen, linkes Bein gestreckt nach hinten setzen, leicht drehen und den Fuß seitwärts aufsetzen, dabei den Oberkörper ebenfalls leicht seitlich drehen). *Dein Kopf zeigt nach vorne. Versuche nun, die Balance zu halten. Strecke jetzt beide Arme nach den jeweiligen Seiten aus. Bewege abwechselnd deinen rechten Arm nach vorne und deinen linken nach hinten. Wenn du magst, stoße einen Kampfschrei aus.*"

Ich bin ein Tier

Altersgruppe:	Material:	Zeit:
KIGA	--	* bis **

Bemerkungen:

Kinder identifizieren sich gerne mit Tieren und fühlen oft automatisch deren Eigenschaften wie Stärke, Mut, Fröhlichkeit etc. Lasse es zu, wenn sie noch andere Ideen haben, was sie mit den einzelnen Figuren machen könnten.

Es gibt zahlreiche verschiedene Tierfiguren. Hier die (wie ich finde) leichtesten und die, die bei meinen Schülern am besten ankamen.

Durchführung:

Gib deinem Kind jeweils folgende Anweisungen:

Katze

*„Gehe auf die Knie und beuge dich nach vorne, sodass deine beiden Arme rechts und links von deinem Kopf leicht an-*gewinkelt sind und den Boden berühren. Nun machst du abwechselnd einen Katzenbuckel (Bauch nach oben ziehen und dadurch den Rücken nach oben krümmen) *und die entspannte Ausgangsposition. Wenn du magst, kannst du dabei miauen."*

Durch diese Übung werden unter anderem die Bauchmuskeln gestärkt.

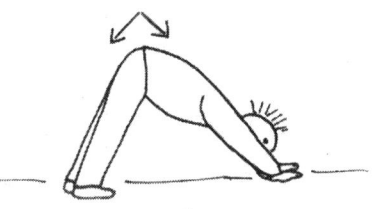

Hund

„Stelle dich mit beiden Beinen fest auf den Boden, strecke den Po nach oben und beuge den Oberkörper nach vorne. Setze dabei die Hände rechts und links des Kopfes – jedoch ein wenig weiter vor diesen – ab. Wackel nun mit dem Po wie ein Hund, wenn er sich

freut. Du darfst aber auch mal böse knurren oder bellen."

Kleine Kinder haben vielleicht noch nicht so viel Körperspannung, dann dürfen sie statt fest am Boden zu stehen, diesen lediglich mit den Zehenspitzen berühren, und statt den Kopf oben zu halten, diesen aufsetzen.

Frosch

„Gehe mit gespreizten Beinen in die Hocke, lege die Hände aneinander und nimm sie vor die Brust. Jetzt bist du ein entspannter Frosch. Legst du die Arme zwischen die Beine und die Hände auf den Boden, kannst du quakend durch den Raum hüpfen."

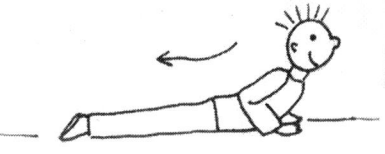

Kobra

„Lege dich zunächst mit dem Gesicht nach unten auf die Matte (Die Füße sollten nicht auf einer rutschigen Unterlage liegen!). Mithilfe deiner Hände richtest du nun langsam deinen Oberkörper auf, schiebst die Hände dabei immer näher Richtung Brust heran, bis sie schließlich etwa auf Bauchhöhe sind. Dabei sollten deine untere Körperpartie gerade und gestreckt und dein Kopf nach oben gerichtet sein. Verharre ein paar Minuten, ehe du die Figur beendest. Wenn du magst, kannst du Zischgeräusche machen oder dich auf dem Boden entlangschlängeln."

Diese Übung dient der Stärkung der Wirbelsäule, kräftigt die Armmuskulatur sowie die Hände und vermittelt deinem Kind das Gefühl von Kraft und Mut. Schließlich sind Kobras giftig und gefährlich und alle haben Respekt vor ihr.

Liegende Acht

Die liegende Acht ist ursprünglich ein mathematisches Zeichen und bedeutet „unendlich". Jedoch hat sie auch in der Heilpädagogik, speziell in der Kinesiologie und vor allem auch in der Montessori-Pädagogik ihren Platz gefunden. In den 70er-Jahren des vergangenen Jahrhunderts boomte „Brain Gym" (übersetzt: Gehirn-Gymnastik), eine sehr erfolgreiche Methode, mit der Gehirn-, Konzentrations-, Koordinations- und Lernleistungen aktiviert und letztendlich verbessert werden.

Es verhält sich nämlich so, dass unsere rechte Gehirnhälfte mit der linken Körperseite verbunden und die linke Gehirnhälfte wiederum für die rechte Körperseite zuständig ist. Durch Überkreuzübungen – und nichts anderes ist die liegende Acht – wird versucht, die Gehirnhälften miteinander zu verbinden, sozusagen auszugleichen. Anders ausgedrückt: Es geht um das Kreuzen der Mittellinie und der damit verbundenen Verbesserung der Koordination unserer Augenmuskeln durch Aktivierung der beiden Hirnhälften. Wobei man theoretisch auch das X statt der Acht nehmen könnte, allerdings hat die Acht den Vorteil, dass sie fließend und rund ist, was nicht nur dem System unseres Körpers und Lebens gleichkommt, sondern auch noch bedeutet, dass man nach einmaligem Schreiben oder Nachfahren beim X absetzen und neu anfangen muss, die (liegende) Acht jedoch stets weitergeschrieben oder nachgefahren werden kann, ohne abzusetzen. Eben unendlich, wie die ursprüngliche Bedeutung des Zeichens ∞ ja auch lautet.

Übungen zur liegenden Acht sind pädagogisch wertvoll sowie ganz schnell und einfach an beinahe jedem Ort durchführbar. Ideal, um Kindern eine kleine Hilfe mit großer Wirkung an die Hand zu geben. Besonders Probleme bei der Auge-Hand-Kombination, beim Merken von Lerninhalten sowie beim Lesenlernen – ich sage nur Lese-Rechtschreib-Schwäche, allgemein als LRS bekannt – können auf diesem Weg minimiert und vielleicht sogar ganz beseitigt werden.

Bei mangelnder Konzentration während der Hausaufgaben, vor Prüfungen, beim Lernen, in Stresssituationen oder generell „einfach nur so", kann die liegende Acht folgendermaßen zum Einsatz gebracht werden. Die liegende Acht...

- mehrmals übereinander, ohne abzusetzen, auf ein Blatt Papier zeichnen. *Tipp*: Kleine Kinder sollten eine größere Rolle Papier und Wachsmalstifte bekommen.
- ohne Hilfsmittel auf dem Boden ablaufen
- mit Straßenmalkreide auf den Hof oder auf die Spielstraße malen
- imaginär auf die Tischplatte oder auf den Oberschenkel schreiben
- mit den Händen/Armen in die Luft schreiben (*erschwerte Version*: mit beiden Händen/Armen gleichzeitig in entgegengesetzte Richtung schreiben)
- abwechselnd auf einem Bein stehend mit dem anderen in die Luft malen
- mit dem Fuß (barfuß) in den Sand malen, dabei auf der Stelle stehenbleiben

- auf dem Rücken liegend und die Beine in die Luft streckend in die Luft malen (geht auch mit den Armen)

- mit den Augen (*Achtung*: Nicht zu schnell und nicht zu häufig!) in die Luft zeichnen

- mit dem ganzen Kopf nachfahren

- mit einer Hand und dem entgegengesetzten Bein in die Luft malen, danach Seitenwechsel (*Besonders schwierig!*)

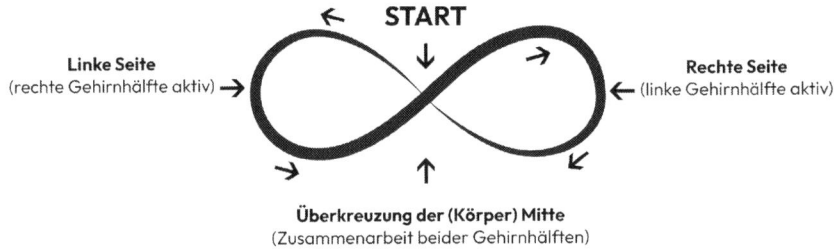

Linke Seite
(rechte Gehirnhälfte aktiv) →

← START ↓ →

Rechte Seite
← (linke Gehirnhälfte aktiv)

→ ↑ ↙

Überkreuzung der (Körper) Mitte
(Zusammenarbeit beider Gehirnhälften)

Beachte dabei Folgendes:

- Nach Möglichkeit nicht nur in eine Richtung „fahren", sondern auch mit beiden Händen bzw. Füßen agieren.

- Die Achten nicht zu klein nachfahren, schreiben oder laufen, lieber großzügig damit umgehen.

- Beim Nachfahren/Schreiben mit dem Finger, der Hand oder mit einem Stift unbedingt darauf achten, dass auch die Augen der Acht folgen, nicht jedoch der Kopf oder gar der komplette Körper.

Überkreuz-Übung

Altersgruppe:	Material:	Zeit:
KIGA+	--	*

Bemerkungen:

Eine Übung, die hohe Konzentration fordert. Du kannst sie entweder im Sitzen oder aber im Stehen – wobei dann das Knie Richtung Ellenbogen angehoben werden muss – durchführen.

Durchführung:

Fordere dein Kind zu folgenden Bewegungen auf und mache am besten mit: *„Führe den rechten Ellenbogen zum linken Knie und danach den linken Ellenbogen zum rechten Knie."*

Du kannst Überkreuz-Übungen auch mit anderen Körperteilen machen, wie zum Beispiel abwechselnd die rechte Hand ans linke Ohr und die linke Hand ans rechte Ohr führen. Oder beides ganz schnell hintereinander: rechte Hand ans linke Ohr, linke Hand ans rechte Ohr, rechten Ellenbogen ans linke Knie und linken Ellenbogen ans rechte Knie. Alles muss jedoch mehrmals wiederholt werden. Werdet dabei immer schneller werden.

Kleine-Künstler-Acht

Altersgruppe:	Material:	Zeit:
KIGA+	verschiedene Materialien (möglichst viele Naturmaterialien), Aufbewahrungsbehälter	***

Bemerkungen:

Jüngeren Kindern und solchen, die Orientierungsprobleme haben, solltest du eine Vorlage der liegenden Acht auf dem Boden oder dem Tisch – je nachdem, wo gelegt werden soll – vormalen oder vorlegen.

Durchführung:

Sammelt bei euren Spaziergängen Naturmaterialien wie Eicheln, Kastanien, Beeren (Nichts Giftiges!!!), Blätter, Zapfen etc. Sortiert diese Materialien sowie weitere Dinge wie Muscheln, bunte Knöpfe, Murmeln, Perlen, Federn u.v.a. gemeinsam in verschiedene Gläser oder Dosen. Allein das ist bereits eine kleine Achtsamkeitsübung.

Nun kann dein Kind mithilfe dieser Materialien eine liegende Acht legen.

Variante:

Legt ein Mandala à la LandArt (siehe „Materialien & Bezugsquellen"/„Hintergrundwissen" Seite 209)

Sich & seine Umgebung wahrnehmen

Jeder ist für sich der wichtigste Mensch im Leben, oder sollte es jedenfalls sein. Was natürlich nicht heißt, dass Eltern, Partner, Kinder, Verwandte, Freunde und Bekannte nicht auch wichtig wären oder dass pure Egoisten die besseren Menschen seien, vielmehr möchte ich damit sagen:

Nur wer sich selbst kennt, liebt und annimmt, kann auch andere so annehmen, wie sie sind und sie lieben/mögen.

Um dahin zu gelangen, muss man lernen, sich wahrzunehmen, sich anzuerkennen – mit all seinen Fehlern und Unzulänglichkeiten – und vor allem stets achtsam mit sich selber sein.

Zudem gehen wir täglich achtlos an vielen Dingen und Situationen vorbei. Wir haben es eilig, nehmen selbst schöne Dinge nicht wahr und wissen meist gar nicht, was wirklich um uns herum geschieht.

Lerne daher gemeinsam mit deinem Kind, achtsamer mit euch selber umzugehen sowie achtsam auf eure Umgebung zu reagieren und du wirst sehen, welchen positiven Effekt es hat.

Zu all eben Genanntem gehören natürlich unter anderem auch die Übungen aus den Kapiteln „Mit allen Sinnen", „Unterwegs" und „Daheim" dazu.

Superfotograf

Altersgruppe:

KIGA+

Material:

verschiedene Gegenstände oder Umgebungen, Rahmen eines ausgedienten Bilderrahmens, Augenbinde, evtl. einen symbolischen Auslöser wie einen ausgedienten Wipp- oder Klick-Schalter

Zeit:

**

Bemerkungen:

Dieses Achtsamkeitstraining schult das genaue Betrachten bestimmter Dinge oder Situationen. Je jünger die Kinder sind, desto einfacher sollte das „Motiv" sein.

Für ältere Kinder nimmst du eine Zusammenstellung verschiedener Gegenstände, jüngere Kinder bekommen lediglich einen Gegenstand zu sehen. Durchgeführt werden kann die Übung entweder an einem stillen Ort draußen oder aber in der Wohnung.

Durchführung:

Dein Kind hält den durchsichtigen Bilderrahmen vor den/die Gegenstand/Gegenstände beziehungsweise vor einen beliebigen „Bildausschnitt" in seiner Umgebung. Gib ihm einige Minuten Zeit, sich alles gut einzuprägen und in seinem Gehirn „den Auslöser der Kamera" zu betätigen. Als symbolischen Auslöser kannst du ihm einen alten Schalter oder ähnliches geben. Sorge auf jeden Fall für absolute Ruhe während der Einprägzeit.

Jetzt bekommt dein Kind die Augen verbunden und darf sein inneres Foto beschreiben, also das, was es gesehen hat. Wenn du magst, kannst du hinterher noch Fragen stellen wie „Welche Farben hast du gesehen?", „Was hast du dabei gefühlt" etc.

Lasse deine Füße sprechen

Altersgruppe:	Material:	Zeit:
KIGA	Grasboden, Erde, Kieselsteine, Laub, Teppichboden, Wasser, Sand, Matsch u.a., Augenbinde	**

Bemerkungen:

Generell sollten Kinder so viel wie möglich barfuß laufen, um sich und ihre Umgebung zu spüren.

Tipp:

Wer in der Wohnung „die Füße sprechen" lassen möchte, kann mit etwas Geschick verschiedene „Barfuß-Fühlkisten" bauen. Es gibt sie auch fertig zu kaufen, was jedoch aufgrund des hohen Preises für den Privatgebrauch unrentabel erscheint. Aber du kannst sie dir ja als eine Art „Bau-Anleitung" ansehen (siehe „Materialien & Bezugsquellen Seite 203).

Durchführung:

Geht in den Garten, in den Wald oder aufs Feld, auch die Wohnung ist (bedingt) ein möglicher Übungsort. Wichtig sind verschiedene Untergründe.

Dein Kind sollte nun barfuß und mit verbundenen Augen über verschiedene Untergründe laufen. Stehe ihm dabei sicherheitshalber zur Seite. Fordere dein Kind auf, dir zu sagen, wie es sich anfühlt und/oder auf was es läuft.

Spieglein, Spieglein an der Wand...

Altersgruppe:	Material:	Zeit:
KIGA+	evtl. einen Hula-Hoop-Reifen oder einen großen, durchsichtigen (Bilder)Rahmen	**

Bemerkungen:

Genaues Beobachten sowie schnelle Reaktion sind ebenso gefragt wie Körperbeherrschung. Um das Ganze auf den gesamten Körper auszuweiten, kannst du auf den Reifen verzichten und verschiedene Bewegungen mit dem ganzen Körper machen, die als Spiegelbild wiedergegeben werden sollten.

Ganz wichtig:

Es darf nicht gesprochen werden!

Durchführung:

Dein Kind steht dir gegenüber. Halte dabei einen Hula-Hoop-Reifen oder einen leeren Rahmen als imaginären Spiegel zwischen euch (Es geht natürlich auch ohne Spiegel!). Nun schneidest du Grimassen. Dein Gegenüber muss diese, als dein Spiegelbild, möglichst zeitgleich nachmachen. Dann wird gewechselt.

Variante:

Wie oben beschrieben, kannst du den ganzen Körper einsetzen. Vorschläge: auf einem Bein stehen, in die Luft springen, Hampelmann, klatschen etc.

Inneres Blitzlicht-Foto

Altersgruppe:	Material:	Zeit:
Grundschule (frühestens ab Klasse 3)	--	* bis **

Bemerkungen:

Die Bezeichnung „Blitzlicht" stammt aus dem Bereich der Fotografie. Das Blitzlicht dient dazu, etwas zu beleuchten, also sichtbarer zu machen, und ist nur für einen kurzen Moment aktiv. Gleiches gilt auch für diese Achtsamkeitsübung. Ähnlich einem Blitzlicht, sollen deine Fragen die momentane Situation, die Gefühle, die Gedanken deines Kindes erhellen und spontan festhalten. Deine Fragen sollten kurz formuliert werden. Auch die Antworten sollten nach Möglichkeit kurz sein.

Erfahrungsgemäß spielen Kinder „Blitzlicht" gerne. Damit es jedoch nicht in eine Art Verhör ausartet, solltet ihr euch mit Fragen und Antworten abwechseln. Schließlich hat auch dein Kind das Recht, bestimmte Dinge von dir und über dich zu erfahren. Außerdem tut es dir bestimmt auch gut, „in deinem spontanen Inneren" mal Ordnung zu schaffen und rauszulassen, was gerade „aktuell" in/bei dir ist. Du wirst staunen und dich selber neu kennenlernen. Wichtig ist, dass auch du spontan antwortest – also blitzlichtartig –, Kinder können das, je jünger sie sind, viel leichter.

Diese Achtsamkeitsübung kann auch gut während einer Autofahrt (Natürlich nur für dich als Beifahrer und ein Kind!) oder generell unterwegs durchgeführt werden (...auch wenn es dann mit dem „gemütlichen Ambiente" nicht so klappt).

Achte auf Folgendes:

1. Weite die Übung zeitlich nicht zu lange aus, lieber kurze Sequenzen in Wiederholung durchführen.

2. Lasse die Antworten einfach stehen, nicht nach- oder hinterfragen! Aber merke dir, wenn dir etwas

auffällt, versuche zu ergründen, vielleicht auch zu gegebener Zeit anzusprechen und möglichst zu helfen. Das gilt beispielsweise für Antworten auf die Frage: „Wovor hast du Angst?" Da bietet es sich an, zu überlegen, wie ernst es ist und ob du dem Kind helfen kannst, seine Angst zu überwinden.

3. Wechsle zwischen sogenannten positiven (*„Was kannst du am besten?"*) und negativen (*„Wovor hast du am meisten Angst?"*) Fragen ab.

Durchführung:

Macht es euch irgendwo gemütlich. Zu einer guten Gesprächssituation gehört ein angenehmes Umfeld. Zünde eine Kerze an und lasse im Hintergrund leise Entspannungsmusik laufen. Außerdem ist es immer gut, wenn sich die Kommunizierenden von Angesicht zu Angesicht gegenübersitzen.

Nun kann die Achtsamkeitsübung, die Interview-Charakter besitzt, losgehen. Formuliere deine Fragen kurz wie ein Blitzlicht.

Vorschläge für Fragen

- *Worüber kannst du herzhaft lachen?*
- *Was war dein schönstes Erlebnis?*
- *Was war dein schrecklichstes Erlebnis?*
- *Wovor hast du am meisten Angst?*
- *Warum/Wann hast du das letzte Mal geweint?*
- *Wo bist/wärst du am liebsten?*
- *Wen möchtest du gerne einmal wiedersehen/treffen?*
- *Wann fandest du dich besonders mutig?*
- *Was würdest du dich nie trauen?*
- *Was kannst du am besten?*
- *Was möchtest du unbedingt noch lernen?*
- *Was macht dich glücklich/stolz?*
- *Wenn ich dich verzaubern würde, wer würdest du gerne sein?*
- *Wie sieht für dich ein toller Tag aus?*
- *Auf wen bist du neidisch und warum?*

- *Wem würdest du dein größtes Geheimnis anvertrauen?*

- *Welche drei Dinge/Personen würdest du auf eine einsame Insel mitnehmen?*

- *Wen kannst du gar nicht leiden?*

- *Wie würdest du mich/dich auf einem Steckbrief beschreiben?*

Draußen & Unterwegs

Wer glaubt, Achtsamkeitsübungen könne man nur daheim im stillen Kämmerchen durchführen, irrt gewaltig. Ob beim gemeinsamen Spaziergang im Wald, auf Reisen, im Zug, im Bus, im Flugzeug oder mit der Bahn, ja selbst bei einer kleinen Pause während einer Autofahrt ist das Üben der Achtsamkeit möglich und angebracht. Es motiviert und Wanderungen sowie Reisen werden kurzweiliger.

Vor allem der Wald mit seinen Bäumen und den Blättern, aber auch das Wasser der Bäche, Flüsse, Seen oder des rauschenden Meeres ziehen Kinder magisch an. Bäume, Muscheln und Steine üben eine Art Zauberkraft auf sie aus, regen ihre Fantasie an. Daher sind sie auch geeignete Orte beziehungsweise Materialien für Achtsamkeitsübungen.

Wasser

Wasser hat eine fast magische Anziehungskraft, nicht nur auf Kinder. Wasser ist die Basis allen Lebens, besteht doch auch unser Körper aus einem großen Teil aus Wasser.

Natürlich kann Wasser auch gefährlich sein, daher müssen Spiele und Achtsamkeitsübungen am Wasser immer von Erwachsenen betreut werden.

Übers Wasser springen

Altersgruppe:

12+
(Grundschule möglich)

Material:

flache (Kiesel)
Steine

Zeit:

beliebig

Bemerkungen:

Diese altbekannte Übung, die auch „Flitschen" oder „Plitschen" – als lautmalendes Wort für die Aktion – genannt wird, macht Groß und Klein Spaß. Sie dient der Förderung der Motorik und lenkt deine Achtsamkeit auf die Bewegung des Wassers.

Durchführung:

Sucht euch flache, abgerundete Steine, die nicht zu schwer, aber auch nicht zu klein sind. Nun lasst sie mittels einer bestimmten Wurftechnik, die ihr ausprobieren und üben müsst, übers Wasser springen. Zählt dabei, wie viele Sprünge euer Stein schafft.

Kurzbeschreibung für die richtige Wurftechnik:

Nimm den Stein zwischen Daumen und Zeigefinger, eventuell kann dir der Mittelfinger zusätzlich helfen. Nun musst du den Stein schnell sowie mit voller Kraft aus dem Handgelenk heraus aufs Wasser schleudern. Dabei solltest du ihn etwas andrehen, so, als wolltest du einen Kreisel (Kennst du den noch aus deiner Kindheit?) andrehen. Gehe dabei in die Knie, damit der Stein flach aufs Wasser trifft. Mit etwas Übung sind drei bis vier oder noch mehr „Hüpfer" möglich.

Andere Möglichkeiten sind, zu sehen, was schwimmt und/oder was untergeht (Steine, Sand, Erde, Stöcke, Blätter).

Käpt'n Ahoi!

Altersgruppe:	**Material:**	**Zeit:**
KIGA+	Papier, wasserfeste Stifte, verschiedene (Natur) Materialien wie Stöcke, Sisalschnur, Korken, Federn u.ä.	* bis ***

Bemerkungen:

Diese Achtsamkeitsübung kann in verschiedenen Variationen durchgeführt werden und besitzt dennoch gleichviel wichtige Elemente beziehungsweise Lerneffekte. Welche der Varianten du wählst (oder ihr wählt), hängt von verschiedenen Faktoren ab: a) wie viel Zeit habt ihr? b) Wie alt ist dein Kind? c) Ist das nötige Material vorhanden? d) Wozu habt ihr Lust?

Dein Kind freut sich bestimmt, wenn du die Übung so ankündigst: *„Heute darfst du mal Kapitän sein!"* Ansonsten machen die Übungen nicht nur allen viel Spaß, sondern sind zudem noch lehrreich. Dein Kind lernt Achtsamkeit gegenüber der Natur – Naturmaterialien und Wasser –, erhält Wissen darüber, was wann wie (und vielleicht sogar warum) schwimmt oder sinkt und bekommt von dir (viel) Zeit geschenkt.

Achtung:

Lasse dein Kind nie unbeaufsichtigt am Wasser spielen!

Durchführung:

Wählt *vorher* unter den folgenden Varianten aus (eventuell müsst ihr bestimmte Materialien mitnehmen) oder probiert am besten gleich alle aus.

Variante 1:

Gebt verschiedene *Natur*materialien ins Wasser (Kein Plastik!!). Fließwasser ist dazu weniger geeignet. Vermutet vorher, ob das, was ihr ins Wasser gegeben habt, schwimmt oder sinkt. Damit leistet ihr gleichzeitig einen pädagogisch wertvollen Beitrag, indem dein Kind physikalische Gesetzmäßigkeiten kindgerecht nachvollziehen kann.

Variante 2:

Diese Aktion geht auch im Fließwasser, also an einem Fluss oder einem Bach. Baut aus verschiedenen *Natur*materialien Schiffe oder Flöße (Bitte unbedingt wieder auf Plastik verzichten!!). Kleineren Kindern musst du natürlich viel helfen, aber es macht Spaß.

Variante 3:

Faltet ein Papierschiff. Wer mag, malt das Papier-Wasserfahrzeuge mit wasserfesten Buntstiften an oder verschönert mit Federn etc. Auch hier könnt ihr gemeinsam spekulieren: Welches schwimmt besser, das aus Zeitungspapier oder das aus stabilerem Tonpapier?

Bastelanleitung:

- Du benötigst ein rechteckiges Stück Papier (Zeitungspapier oder farbiges Tonpapier). Je kleiner das Papier ist, desto schwieriger ist das Falten und desto kleiner wird das Schiff.

- Falte das Papier einmal in der Mitte und drehe es so zu dir, dass die offene Seite unten liegt.

- Falte nun die beiden oberen Ecken bis zur Mitte, wo sie sich treffen.

- Den unten stehenden Rand knickst du jeweils auf beiden Seiten nach oben. Jetzt hast du einen Papierhut.

- Die nun entstandenen Ecken faltest du auf jeweils einer Seite um, sodass jetzt ein Dreieck vor dir liegt.

- Drücke nun dieses Dreieck von innen auseinander, sodass die rechte und die linke Ecke aufeinanderliegen.

- Drücke alles zusammen, dann erhältst du ein Quadrat.

- Lege dieses mit der offenen Seite zu dir und falte abermals die beiden Ecken nach oben.

- Wenn du nun alles rechts und links etwas auseinanderziehst, kannst du dein Schiff aufstellen und schwimmen lassen.

- Wichtig ist, dass ihr alle gefalteten Kanten gut mit dem Fingernagel verstreicht, damit das Schiff gut hält.

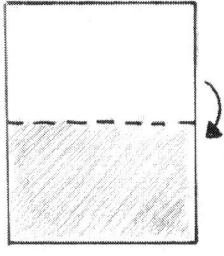

Einmal in der
Mitte falten

Ecken zur
Mitte falten

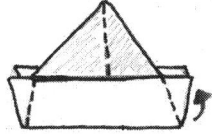

Ränder jeweils
nach oben falten

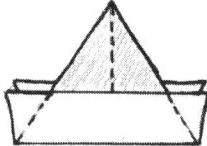

Hier öffnen

untere Ecken
nach oben falten

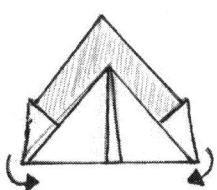

Ecken
zusammendrücken

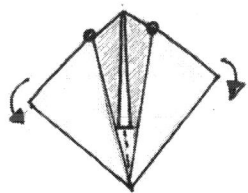

Seiten hier
auseinanderziehen

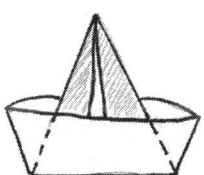

Wasser-Umleitung

Altersgruppe:

KIGA

Material:

Steine, Äste und Zweige,
eventuell etwas Erde oder Sand

Zeit:

***

Bemerkungen:

Bei dieser Achtsamkeits-übung kannst du viel Zeit mit deinem Kind verbringen und ihm zeigen, wie es achtsam mit der Natur, in diesem Fall mit dem Wasser, umgehen kann und welche Macht der Mensch (teilweise) über die Natur besitzt. Nutzt die Gelegenheit, dem Wasser nicht nur beim Fließen zuzuschauen, was allgemein einen sehr beruhigenden Effekt hat, sondern hört auch bewusst auf ein mögliches Rauschen. Am besten geht das an einem kleinen Bach oder an einer eher seichten Stelle am Flussrand sowie am Meer am Sandstrand. *Wichtig*: Kinder dabei nie unbeaufsichtigt lassen! Selbst dann nicht, wenn sie erfahrene Schwimmer sind. Ebenfalls wichtig ist, dem Wasser zum Abschluss wieder seine ursprüngliche Fließrichtung und Fließeigenschaft zurückzugeben. Auch wenn's wehtut!

Während dieser Übung ergeben sich bestimmt viele Gespräche über das Wasser, seine Aufgabe als lebenswichtiges Elixier für Menschen, Pflanzen und Tiere, vielleicht sogar auch über die Wasserverschmutzung. Nutze die Zeit zum Gespräch sowie zur Wissenserweiterung deines Kindes.

Durchführung:

Baut zusammen einen kleinen Staudamm mit Steinen, Ästen, Zweigen und/oder Erde beziehungsweise Sand. Anschließend beobachtet, wie das Wasser einen neuen Weg findet beziehungsweise, wie es seinen Weg ändert. Ihr könnt das Wasser beliebig oft umleiten.

Wassertreten

Altersgruppe:	Material:	Zeit:
KIGA	eventuell Augenbinde	**

Bemerkungen:

Hier geht es um den Tastsinn, und zwar um den Tastsinn bezüglich der Füße. Barfuß wird viel zu selten gelaufen, weil viele Eltern Angst haben, die Kinder könnten sich verletzen. Die Verletzungsgefahr ist normalerweise relativ gering, und Barfußlaufen ist gesund!

Ein weiterer, nicht zu unterschätzender Aspekt bei dieser Achtsamkeitsübung ist das Vertrauen, das Vertrauen in den Menschen, der einem führt. Wenn ihr einmal die Rollen tauscht, wirst du merken, dass es nicht immer ganz einfach ist, volles – in diesem Falle sogar wörtlich genommen „blindes" – Vertrauen in die andere Person zu haben, selbst wenn es sich um das innigste Verhältnis handelt, das man zueinander haben kann. Manche Kinder besitzen noch ihr „Ur-Vertrauen", andere haben es – durch was auch immer – verloren und müssen es erst wieder Stück für Stück zurückgewinnen.

Beobachte, wie achtsam, wie bedacht dein Kind jeden einzelnen Schritt tut.

Durchführung:

Sucht euch einen kleinen Bach oder eine flache Stelle am Fluss-, See- oder Meeresrand. Fordere dein Kind auf, die Schuhe auszuziehen. Verbinde nun deinem Kind die Augen und führe es durchs Wasser. Achte jedoch darauf, dass sich keine spitzen oder gefährlichen Gegenstände am Grund befinden.

Lasse dir beim Gehen schildern, wie es sich anfühlt, auf was dein Kind gerade läuft und was es dabei denkt. Bleibt zwischendurch mal stehen und lasse dir sagen, was dein Kind aktuell hört. Vielleicht Meeresrauschen? Vielleicht das Plätschern des Bächleins? Oder gar eine Möwe?

Wechselt anschließend die Rollen.

Steine

Kinder lieben Steine! Sie lieben es, Steine zu sammeln, sie anzumalen, Geschichten zu ihnen zu erfinden etc. Warum aber sind Steine so besonders?

Steine stehen für Stabilität und Beständigkeit, sie haben eine – extrem weit zurückreichende – Vergangenheit, mit ihnen kannst du dein vertrautes Heim bauen. Sie haben einen Bezug zur Erde, sie sind außerordentlich individuell sowie kostenlos zu haben. Steine symbolisieren das, was wir gerne sein und haben möchten: Stärke und Langlebigkeit. Sie verleiten zum Träumen und Meditieren.

Steinmeditationen sind beliebte Übungen, um die Achtsamkeit zu trainieren.

Mein Stein erzählt

Altersgruppe:	Material:	Zeit:
KIGA	Steine	* bis **

Bemerkungen:

Zunächst müsst ihr gemeinsam Steine sammeln. Wer mag, nimmt später den Stein aus dieser als **seinen** „Glücksstein" mit in den Kindergarten oder in die Schule. Ihr könnt aber auch mit den gesammelten Steinen einen kleinen „Steingarten" in einer Ecke des Gartens oder im Haus anlegen und immer wieder einen davon erzählen lassen.

Tipp:

Gib deinem Kind (möglichst wasserfeste) Farbe, damit es seinen Stein anmalen kann. Das stärkt den individuellen Bezug. Der Stein kann einfach nur wahllos bunt angemalt werden oder aber er bekommt ein Gesicht. Smiley-Steine können so zu Gefühlssteinen (siehe Seite 106) werden.

Durchführung:

Sammle mit deinem Kind möglichst verschiedene Steine, nimm sie mit nach Hause und bemalt sie.

Zur Achtsamkeitsübung darf sich dein Kind einen der gesammelten Steine aussuchen. Damit setzt es sich an einen kuscheligen Platz und untersucht ihn mit möglichst allen Sinnen. Fordere dein Kind auf, ihn mit geschlossenen Augen zu spüren. Lasse dir dann den Stein so genau und so einfühlsam wie möglich beschreiben. Dein Kind darf dem Stein auch einen Namen geben.

Im Anschluss kann entweder dein Kind eine passende Geschichte zu **seinem** Stein erzählen (*Wo kommt er her? Was hat er erlebt? Was will er uns sagen?*) oder du schickst dein Kind mit seinem Stein auf eine Abenteuer-Traumreise (siehe Seite 182 „Traumreisen").

Diese Abenteuer-Traumreise lässt viel offen. So kann dein Kind seine Fantasie besonders gut spielen lassen. Gib ihm Zeit, sich auszumalen, ob der steinalte Mann seinen Stein haben darf und welches Geheimnis wohl um den Stein besteht. Vielleicht mag es dir ja davon erzählen? Vielleicht mag es die Geschichte ja weiterspinnen? Oder vielleicht möchte es gar ein Bild dazu malen oder eine Geschichte dazu aufschreiben?

Gefühlssteine

Altersgruppe:	Material:	Zeit:
KIGA+	Steine, wasserfeste Malstifte/Farbe, „Schmuck-Kästchen" (eine schöne Box), Stück Stoff, Gästehandtuch oder buntes Seidenpapier	***

Bemerkungen:

Allein das Sammeln von Steinen ist bereits der Beginn einer Achtsamkeitsübung: Dein Kind konzentriert sich auf seine Umgebung und sucht gezielt Steine aus. Je mehr „Gefühlssteine" ihr habt, umso differenzierter könnt ihr später damit umgehen.

Ehe ihr euch dann ans Anmalen der Steine macht, solltest du mit deinem Kind besprechen, welche Gefühle es gibt und wie man sie zunächst pantomimisch darstellt.

Benötigst du eine Malvorlage? Dann schau auf Seite 178 nach. Kleinere Kinder benötigen dabei Unterstützung, vielleicht malst du die Steine auch nach ihren Ansagen an!?

Diese Achtsamkeitsübung sorgt dafür, dass dein Kind über seine Gefühle nachdenkt und sie gegebenenfalls mit dir teilt. Vordergründig steckt dahinter, dass dein Kind lernt, achtsam mit sich und seinen Emotionen zu sein.

Warum das so wichtig ist? Ganz einfach: Emotionen helfen, dass wir uns in der Welt, im sozialen Umfeld zurechtfinden und anderen gegenüber empathisch sein können. Emotionen haben aber auch eine gewisse Schutzfunktion. Das funktioniert alles jedoch nur, wenn du deine eigenen Emotionen – und später auch die der anderen – bewusst wahrnimmst und benennen kannst. Daher ist diese Achtsamkeitsübung der Gefühle, die somit auch indirekt die soziale Kompetenz fördert, von enormer Wichtigkeit.

Durchführung:

Sammelt beim Spaziergang Steine. Legt zuvor fest, dass sie mindestens eine möglichst glatte Fläche besitzen sollten, auf der man malen kann.

Daheim werden die Steine angemalt: Entweder grundiert ihr den Stein zunächst einfarbig oder malt gleich Smileys darauf.

Nun könnt ihr, zur Festigung der einzelnen Emotionen, die Gefühle des jeweiligen Steines pantomimisch darstellen, oder du lässt dir von deinem Kind erklären, welche Gefühle die jeweiligen Steine haben. Gut ist, wenn du gleichzeitig nach erlebten Situation fragst. Das könnte so sein: *„Da hast du einen Angst-Stein in der Hand. Wann hattest du schon einmal Angst? Wie ging es dir dabei*?"

Die Emotions-Steine – Kinder verstehen besser den Begriff „Gefühlssteine" – sollen dein Kind ab nun über einen längeren Zeitraum hin im Alltag begleiten. Sucht euch daher eine schöne Box aus oder bemalt einen Schuhkarton und legt die Steine „zum Schlafen" auf

ein Stück Stoff, auf ein kleines Gästehandtuch oder auf buntes Seidenpapier. Schließlich sollen es die Steine gut bei euch haben. Stellt die Box an einen für dein Kind gut erreichbaren Platz (am besten im Kinderzimmer). Jetzt kann dein Kind jeden Tag, wann immer es will, einen passenden Stein rausholen und dir damit zeigen, wie es ihm geht. Am besten vereinbart ihr dafür einen festen Platz, der gut für alle Familienmitglieder einsehbar ist. Wenn es dein Kind zulässt, könnt ihr jeweils über seine gezeigten Gefühle sprechen. Wenn es das nicht will, akzeptiere es einfach!

Steinschnecke

Altersgruppe:	Material:	Zeit:
KIGA	Steine	**

Bemerkungen:

Du benötigst Steine. Diese kannst du mit deinem Kind entweder beim Spaziergang sammeln - was wohl mehr Spaß macht - oder aber im Handel kaufen.

Jüngeren Kindern solltest du für diese Übung als Hilfestellung die Spiralform mittels eines Seiles, Sand oder anderweitig vorgeben.

Die Übung an sich sorgt für Entspannung, Loslassen und gleichzeitige Achtsamkeit auf sich, auf die Steine und mit Sicherheit auch unterbewusst auf begleitende Geräusche.

Durchführung:

Fordere dein Kind auf, eine Steinschnecke (Spirale) zu legen. Das Ganze hat den Touch eines Mandalas. Den idealen Ort für dieses Achtsamkeitstraining findest du in der Natur. Du wirst merken, wie beruhigend es auf dein Kind wirkt. Ist die Schnecke groß genug, kann sie - am besten barfuß - abgelaufen werden.

Wald

Der Wald ist ein allumfassendes Ökosystem, das dem Menschen in vielfältiger Weise dienlich ist. Jeder kennt ihn, Kinder lieben ihn, vor allem auch, weil er so geheimnisvoll ist. Leider sind heute immer noch viel zu wenige Kinder regelmäßig im Wald. Zum Glück jedoch steht das Thema „Wald" auf den Lehrplänen der Grundschulen und es gibt immer mehr Waldkindergärten.

Wald, das bedeutet Verbundenheit mit Natur, Klima, Boden und Wasser. Jeder Wald ist anders und zu jeder Jahreszeit hat der Wald ein anderes Gesicht: Adjektive wie dicht, undurchdringlich, dunkel, licht, tief, bunt, verschneit, ruhig, geheimnisvoll und viele andere charakterisieren den Wald und machen ihn interessant.

Die Bäume des Waldes wirken als Symbol für Stärke eine Faszination auf Kinder aus, ebenso wie alle anderen Dinge im Wald. Da du im Wald Ruhe, gute Luft und Erholung sowie ausreichend Materialien zum Betrachten, Riechen, Fühlen und Basteln findest, ist er auch der ideale Ort für folgende Achtsamkeitsübungen.

Gerade die bunten, herabgefallenen Blätter des Herbstes inspirieren Kinder zu allerlei Aktionen. Man kann sie mit allen Sinnen erleben, aber auch mit ihnen künstlerisch tätig werden.

Ich bin ein Blatt

Altersgruppe:	Material:	Zeit:
KIGA+	ein Blatt	** bis ***

Bemerkungen:

Diese Meditationsübung ist im Herbst, wenn die Wälder bunt sind, wenn sie leuchten und zum Sammeln einladen, besonders schön.

Mein Tipp:

Führt die Übung wegen der Bewegungen einmal gemeinsam durch oder/und sprecht verschiedene Möglichkeiten durch. Selbstverständlich kannst du deinem Kind bei der Ausübung auch freien Lauf lassen. Kinder wissen oft viel besser, welche Bewegungen passen. Überlasse es deinem Kind, ob es die Augen geschlossen halten möchte oder nicht.

Diese Achtsamkeitsübung kannst du auch sehr gut mit der kompletten Familie oder mit einer Gruppe durchführen.

Durchführung:

Jeder sucht sich **sein** Lieblingsblatt und nimmt es in die Hand. Anschließend werden alle von dir in **ihr** Blatt verwandelt. *Bitte keine Blätter abreißen, es liegen genügend auf dem Waldboden!*

Text und Bewegungen:

„Ich bin ein Blatt, ein wunderschönes Blatt. Alle lieben und mögen mich (sich mit beiden Händen ans Herz fassen). *Noch bin ich ganz klein* (in die Hocke gehen) *und wohne in einer Knospe* (sich zusammenkauern). *Hier ist es dunkel und kuschelig warm. Ich träume, träume von der Sonne. Ich wachse und wachse, werde größer und größer* (langsam aufrichten), *werde dicker und dicker* (sich stark machen, Schultern nach hinten, aufrecht stehen). *Jetzt ist mein Haus zu klein, und die Knospe springt auf* (einmal in die Luft springen). *Endlich kann ich sie sehen, die Sonne* (eine Hand über die Augen und zum Himmel sehen). *Da ist ja auch meine Mama, aus der ich ge-*

wachsen bin (auf einen Baum zeigen oder mit den Händen einen dicken Baum formen). *Wenn ich mich so umschaue, sehe ich noch viele, viele Geschwister von mir* (eine weit ausholende Geste mit den Armen machen). *Herrlich, ich bin nicht alleine! Gemeinsam spielen wir im Wind* (sich hin- und herwiegen). *Ich danke dir, Baum-Mama!* (sich verneigen oder beide Hände zum Dank zusammenlegen). *Ich genieße das Leben! Im Sommer strecke ich mein Blattgesicht in die Sonne* (Gesicht nach oben heben). *Doch langsam nähert sich der Herbst, und es wird kälter* (Arme vor der Brust kreuzen und jeweils den anderen Oberarm streicheln). *Jetzt kommen die Herbststürme und schütteln uns ganz schön durch* (der ganze Körper schüttelt sich). *Meine Farbe ändert sich. Wir sind alle ganz verschiedenfarbig.* (Pause) *Meine Mama lässt uns allmählich alle nacheinander los. Auch ich muss ganz langsam und sanft gehen* (langsam und sanft zu Boden gehen). *Keine Angst, das ist nicht schlimm, denn wir geben Mutter Erde und damit den*

Pflanzen neue Kraft, sodass wir im nächsten Jahr wieder in einer Knospe wachsen können."

Gib deinem Kind auf dem Boden ein wenig Zeit, seinen Gedanken nachzugehen. Dann hole es langsam wieder ins Hier und Jetzt zurück. Wer öfter meditiert, hat dafür ein gemeinsames Zeichen, wie etwa eine Klangschale.

Ein Roboter im Wald

Altersgruppe:

KIGA

Material:

Augenbinde

Zeit:

* bis ***

Bemerkungen:

Im Prinzip kannst du diese Übung überall durchführen, im Wald findest du jedoch viele verschiedene Eindrücke sowie eine angenehme Atmosphäre vor. Theoretisch ist das Roboter-Spiel auch mit offenen Augen machbar.

Durchführung:

Unternehmt einen Waldspaziergang, verbinde deinem Kind die Augen und halte es von hinten an den Schultern fest. Vereinbart gemeinsame Zeichen. Das können sein: linke Schulter drücken bedeutet nach links, rechte Schulter drücken nach rechts gehen, über den Kopf streichen heißt vorwärts, über den Rücken streichen bedeutet rückwärts zu gehen, kurz auf den Kopf tippen besag, stehen bleiben.

Zunächst bist du der Programmierer deines „Roboters" und dein Kind bewegt sich entsprechend deinen nonverbalen Befehlen. Bei Zwischenstopps kannst du nachfragen, was dein Kind hört, fühlt oder riecht. Ein Rollenwechsel macht beiden Spaß.

Waldkünstler (LandArt)

Altersgruppe:	Material:	Zeit:
KIGA	alles Mögliche aus dem Wald (*Achtung, nur mitnehmen, was lose herumliegt, keine Pflanzen und Früchte abreißen!*)	***

Bemerkungen:

Diese Art der Kunst nennt man LandArt. LandArt ist eine Ende der 60er-Jahre des letzten Jahrhunderts entstandene zeitgenössische Kunstrichtung und eine Kunstform, bei der die entstandenen Kunstwerke von nur begrenzter Dauer sind. Ich habe dieses, als ich noch im Dienst war, immer regelmäßig mit meinen Klassen im Kunstunterricht praktiziert. Das begeisterte jeden, selbst meine auszubildenden Studenten und Referendare.

Im Prinzip ist jedes Kind schon mindestens einmal Wald- beziehungsweise LandArt-Künstler gewesen, ohne es zu wissen: Denn wer kennt sie nicht, die Sandburgen oder Ähnliches?

LandArt lässt sich gut mit Gruppen durchführen. Dabei wird zusätzlich die soziale Kompetenz gefördert. Übrigens bietet sich für LandArt nicht nur der Wald an, obwohl dieser natürlich aufgrund der Vielfalt vorhandener Materialien ideal ist. Schön ist es auch am Meer, wo du Muscheln etc. findest oder am Fluss/Bach, wo es viele Steine gibt.

Willst du mehr über LandArt erfahren? Dann schau auf Seite 209 nach, wo ich dir Informationsquellen genannt habe.

Durchführung:

Sammelt gemeinsam Naturmaterialien. Das können Zweige, Blätter, Früchte, Moos etc. sein. Anschließend könnt ihr damit kleine Kunstwerke kreieren.

Wer mag, besucht dieses Kunstwerk in den folgenden Tagen immer mal wieder, um zu sehen, wie es sich verändert (Tiere oder der Wind sorgen dafür). Ich rate daher, vorher ein Foto vom ursprünglichen Waldkunstwerk zu machen, so hat dein Kind eine schöne Erinnerung. Natürlich könnt ihr auch an den anderen Tagen aus der gleichen Perspektive fotografieren, um dann anhand der Bilder die Veränderungen zu erkennen und vielleicht zu spekulieren, was da wohl zwischenzeitlich passiert sein könnte. Das ist jedoch eher eine Aufgabe für Grundschulkinder und Teenager.

Unterwegs

Gleichgültig, ob bei gemeinsamen Wanderungen oder Spaziergängen, ob auf langen und für Kinder häufig langweiligen Reisen im Auto, mit der Bahn, im Flugzeug oder im Bus, Achtsamkeitsübungen kommen auch hier immer gut an. Vielleicht solltest du sie, wenn du selber hinter dem Lenkrad sitzt, besser in eine Pause verlegen oder die Leitung deinem Beifahrer überlassen, um nicht abgelenkt zu werden und gefährliche Situationen zu vermeiden.

Ein Hut, ein Stock, ein Regenschirm...

Altersgruppe:

KIGA+ (Macht übrigens vielen
12+ noch Spaß!)

Material:

--

Zeit:

**

Bemerkungen:

Hierbei handelt es sich um einen Reim oder ein Lied, das wahrscheinlich aus dem 20. Jahrhundert stammt. Die Übung bereitet allen – Jung und Alt – viel Spaß. Geübt werden dabei schwerpunktmäßig sowohl Koordination als auch Rhythmik und Konzentration.

Wandern oder Spaziergehen macht mit dieser Achtsamkeitsübung übrigens doppelt so viel Spaß. Führt sie etwa 3- bis 4-mal durch. Dann solltet ihr weiterwandern oder weitergehen, sonst kommt ihr nie an euer Ziel. Könner werden bei der Durchführung immer schneller.

Durchführung:

Für diese Übung müsst ihr zwischendurch immer mal wieder stoppen, den unten aufgeführten Sprechgesang sprechen und an den entsprechenden Stellen die in Klammern stehenden Bewegungen ausführen.

Text & Ausführung:

Und 1☺ und 2☺ und 3☺ und 4☺, ein Hut☺, ein Stock☺, ein Regenschirm☺, und vorwärts☺, rückwärts☺, seitwärts☺, ran☺.

Bei jedem☺ ist je eine der folgenden Bewegungen auszuführen. Das bedeutet, vier Bewegungsabläufe entfallen auf jeweils einen Vers. Dann geht's wieder von vorne los.

* rechter Fuß vor, Boden kurz mit Zehen berühren

* rechter Fuß nach hinten, Boden kurz mit Zehen berühren

* rechter Fuß zur rechten Seite, Boden kurz mit Zehen berühren

- rechter Fuß zurück zur Mitte und mit dem vorderen Teil kurz neben den anderen Fuß stellen

Anschließend geht ihr ein paar Schritte weiter, stoppt abermals und macht das Ganze mit dem linken Fuß.

Variante:

Und 1☺ und 2☺ und 3☺ und 4☺, ein Hut☺, ein Stock☺, ein Regenschirm☺, und vorwärts☺, rückwärts☺, seitwärts☺, Hacke☺, Spitze☺, hoch das Bein☺.

Bewegungen für Vers 1 und 2:

- rechter Fuß vor, Boden kurz mit Zehen berühren

- rechter Fuß nach hinten, Boden kurz mit Zehen berühren

- rechter Fuß zur rechten Seite, Boden kurz mit Zehen berühren

- rechter Fuß zurück zur Mitte und mit dem vorderen Teil kurz neben den anderen Fuß stellen

Letzter Vers:

...bei „Hacke" berührt ihr mit der Ferse vor euch kurz den Boden mit der Ferse. Bei „Spitze" wird der Boden hinten kurz mit den Zehen berührt. Bei „hoch das Bein" schwingt ihr das Bein nach vorne in die Luft.

Wolkendeuter

Altersgruppe:	Material:	Zeit:
KIGA	Decke	** bis ***

Bemerkungen:

Bei dieser Achtsamkeitsübung könnt ihr sehr gut zur Ruhe kommen und entspannen. Besonders schön ist, dass du dich nun auf die gleiche Ebene – auch körperlich – wie dein Kind begibst, dass ihr euch nah seid und gemeinsam fantasieren könnt. Es gibt kein Richtig und kein Falsch!

Der einzige Nachteil an der Übung ist, dass du sie nicht immer durchführen kannst, denn du benötigst dazu einen wolkenreichen Himmel.

Durchführung:

Nehmt eine Decke und begebt euch nach draußen. Das kann im eigenen Garten, beim Waldspaziergang oder unterwegs bei einer Rast sein. Legt euch zusammen auf die Decke, sodass ihr in den Himmel schauen könnt. Beobachtet die Wolken. Wenn euer Kind nicht gleich von alleine beginnt zu erzählen, fragt ihr es nach einer besonders interessanten Wolke. Das könnte so lauten: *„Wie sieht die Wolke aus?"* oder *„Was würdest du tun/fühlen, wenn du jetzt auf dieser Wolke sitzen würdest?"* oder *„Was meinst du, wohin zieht diese Wolke gerade? Wen will sie besuchen?"*

Naturforscher

Altersgruppe:	Material:	Zeit:
KIGA+ bis hin zum Erwachsenenalter	Becherlupe oder einfache Lupe, eventuell eine Kladde	***

Bemerkungen:

Eine wunderbare Achtsamkeitsübung, bei der man die Natur ausgiebig beobachten kann. Da Kinder von Natur aus neugierig sind und gerne etwas erforschen, wird dein Vorschlag zu dieser Übung bestimmt sofort Zustimmung finden.

Dieses Achtsamkeitstraining kann unterwegs, im Urlaub aber auch im eigenen Garten durchgeführt werden. Als Erweiterung könntest du vorschlagen, ein Entdeckerbuch zu führen, in dem alles hineingeschrieben wird, was ihr beobachtet habt. Für jüngere Kinder musst du natürlich schreiben, aber du kannst es dir ja diktieren lassen. Zum Abschluss kann dein Kind noch ein Bild dazu malen. Das Entdeckerbuch ist eine schöne Nachbereitung für daheim und liefert eine schöne Erinnerung an gemeinsam erlebte „Abenteuer", an Zeit, die du mit deinem Kind verbracht hast. Außerdem erweitert es das naturwissenschaftliche Wissen deines Kindes, denn es animiert zu weiteren Nachforschungen mittels Büchern oder Internetrecherche.

Durchführung:

Sucht euch eine Stelle in der Natur, die euch beiden gefällt. Nehmt eine Becherlupe oder eine andere Lupe und geht auf Entdeckungsreise. Es gibt viel zu beobachten: Pflanzen(teile), Früchte oder auch Kleintiere wie Ameisen, Käfer, Würmer, Schnecken, Spinnen etc.

Ehe ihr mit der Lupe beginnt, solltet ihr jedoch erst einmal mit dem bloßen Auge betrachten, was ihr später erforschen möchtet. Bitte dein Kind zu erzählen. Dabei gibt es interessante Dinge zu entdecken: Eine Ameise trägt etwas weg, ein Blatt hat ein Muster etc. Anschließend wird das Objekt im wahrsten Sinne des Wortes unter die Lupe genommen. Auch jetzt sollte dein Kind wieder erzählen. Es wird zum Beispiel feststellen, wie viele Beine das entsprechende Tierchen hat oder auch, dass es Fühler besitzt, mit seinem Maul etwas zermalmt und Ähnliches. Wenn du magst und kannst, steuere dein Wissen bei und erweitere so den Wissenshorizont deines Kindes.

Eine Art „Nachbereitung" kann in Form eines Entdecker- buches" stattfinden (s.o.).

Geschichtenwurm

Altersgruppe:

Grundschule+ (je nach Kind eventuell auch schon etwas früher)

Material:

--

Zeit:

beliebig ausweitbar

Bemerkungen:

Voraussetzung hierfür ist, dass ihr mindestens zu zweit sein müsst, ihr könnt es aber auch mit der ganzen Familie oder mit einer Gruppe spielen. Wichtig ist das gegenseitige Zuhören und das aufeinander Eingehen, was heutzutage leider immer mehr verkümmert. Manchmal kommen dabei ganz lustige, manchmal gruselige Geschichten heraus. Solltet ihr merken, dass es nicht weitergeht, brecht einfach ab. Es geht ja um nichts!

Durchführung:

Du beginnst eine Geschichte mit beispielsweise „Es war einmal..." oder „Gestern Abend..."; es kann jedoch auch nur ein einzelnes Wort wie „Ich..." sein. Dein Kind setzt den Satz fort.

Die einfache Variante ist, ihr lasst ganze Satzteile zu, die schwierigere, es darf nur ein Wort gesagt werden. Das Ganze geht so lange, bis eine kleine Geschichte daraus entsteht.

Nummernschild-Spiele

Altersgruppe:	Material:	Zeit:
Grundschule	vorbeifahrende Autos	beliebig ausweitbar

Bemerkungen:

Die Schwierigkeit besteht darin, sich die Buchstaben und/oder die Zahlen des vorbeifahrenden Autos zu merken. Also eine Aufgabe, die Konzentration und Merkfähigkeit fordert und fördert.

Durchführung:

Das nächste Auto, das an euch vorbeifährt oder das vor euch fährt, solltet ihr aufgrund seines Nummernschildes als Übungsgegenstand nehmen. Damit ergeben sich gleich verschiedene Spiel-Varianten. Wenn ihr als Erwachsene mitspielen würdet, wären die Kinder sicherlich motivierter.

Für folgende Beispiele wähle ich als fiktives Nummernschild: RI-EL 523.

Variante 1:

Fordere dein Kind auf, die Zahlen zu addieren. Oder eine Rechenaufgabe beziehungsweise eine Rechengeschichte daraus zu formulieren.

Beispiel: 5+2+3=10 **oder** 5-2=3 bzw. 5-3=2 **oder** „Auf meinem Schrank sitzen drei Puppen, meine Schwester setzt noch zwei ihrer Puppen dazu. Wie viele Puppen sind jetzt auf meinem Schrank?"

Dieses Spiel eignet sich in erster Linie für Kinder aus dem 1. und/oder 2. Schuljahr.

Variante 2:

Bildet mit den Buchstaben einen Satz.

Beispiele: **R**ita **i**st **e**in **L**ama.

Das ist nicht immer leicht, da Schilder mit X oder Y die Wortfindung erschweren oder gar unmöglich machen. Dann solltet ihr euch auf das nächste Nummernschild einigen.

Aufgrund mangelnder Buchstaben- beziehungsweise Lautkenntnisse kann die Übung frühestens erst zu Beginn des 2. Halbjahres der 1. Klasse durchgeführt werden.

Variante 3:

Auch hier können wieder alle mitspielen. Bildet mit den Buchstaben passende Wörter zu vorher vereinbarten Themenbereichen.

Beispiele: Farben → rot, Indigo, elfenbeinfarben, lila **oder** *Das kann man essen* → Rüben, Ingwer, Eis, Lakritz

Wahrscheinlich erst ab 2. Schuljahr gut durchführbar.

Achtsamkeits-Spaziergang

Altersgruppe:	Material:	Zeit:
KIGA	Augenbinde	**

Bemerkungen:

Hierbei geht es sowohl ums Gehör als auch um den Geruchssinn, vielleicht auch den Geschmackssinn, vor allem aber um das Vertrauen in einen anderen Menschen sowie in seine Umwelt. Wichtig ist, dass sich dein „blindes" Kind wohlfühlt. Manchen Kindern - und auch Erwachsenen - fehlt das (Ur)Vertrauen beziehungsweise, es ist ihnen abhandengekommen. Sollte das Vertrauen fehlen, kann sich dein Kind nicht auf die Achtsamkeit bezüglich seiner Umgebung konzentrieren.

Der Achtsamkeits-Spaziergang ist auch in anderem Sinne eine Übung der doppelten Achtsamkeit: Zum einen muss der Führende auf seinen „Schützling" gut achtgeben, damit diesem nichts passiert und er sich sicher und wohl fühlt, zum anderen muss der Geführte bezüglich seiner Umgebung achtsam sein, hören, fühlen, riechen und vielleicht auch schmecken.

Steigerung:

Wenn es der Untergrund, auf dem ihr euch gerade befindet, erlaubt, führe dein Kind barfuß darüber.

Durchführung:

Gehe mit deinem Kind spazieren, am besten im Wald oder über die Felder. Wenn du meinst, du befändest dich auf sicherem Terrain, also ohne

Straßenverkehr, beginne mit dem eigentlichen Achtsamkeits-Spaziergang. Verbinde dazu deinem Kind die Augen und führe es eine Zeit lang. Am sichersten wird es sich fühlen, wenn du es dabei an den Schultern fasst. „Mutigen" genügt auch nur eine Hand. Wichtig ist, dass du bei „Gefahren", wie beispielsweise Steinen oder Wurzeln auf dem Boden, verbal darauf hinweist.

Bleibt zwischendurch mal stehen, haltet ein paar Minuten inne und lasse dir sagen, was dein Kind gerade hört (Vogelgezwitscher, die nahegelegene Straße) oder auch riecht (Tannenduft, Dung auf dem Feld). Du kannst ihm auch gerne eine Beere oder Kräuter zum Schmecken oder etwas zum Riechen reichen, das es womöglich identifizieren kann. Wenn du ihm etwas zum Fühlen in die Hand geben möchtest, eignen sich besonders Moose, Steine oder Blätter dazu.

Es ist nicht zwingend notwendig, dass dein Kind diese Objekte namentlich benennt, wichtiger ist vielmehr, dass es dir sagen kann, wie es riecht, schmeckt oder sich anfühlt.

Erkundige dich zwischendurch danach, wie sich dein Kind fühlt. Fühlt es sich sicher, so ist das Ziel der Achtsamkeitsübung so gut wie erreicht, wenn es aber unsicher und ängstlich ist beziehungsweise dir so erscheint, dann solltest du eventuell die Übung abbrechen und zu einem anderen Zeitpunkt wiederholen.

Tipp:

Lasse dich auch mal führen, damit du spürst, wie sich dein Kind fühlt.

Daheim

Daheim, das bedeutet in der Regel Geborgenheit, Sicherheit und Wärme. All das, nach dem sich Jahrmillionen von Jahren jeder Mensch sehnt. Daher stellt das eigene Zuhause auch einen erstklassigen Ort für viele Achtsamkeitsübungen dar.

Ich sammle Glück

Altersgruppe:	Material:	Zeit:
KIGA+	Kladde oder Einmachglas bzw. schöne Box, Zettel oder kleine Karteikarten (möglichst farbige)	*

Bemerkungen:

Für dein Kindergartenkind musst du schreiben; lasse dir diktieren.

Mit größeren Kindern kannst du evaluieren, indem du Fragen stellst wie: *„Was war der Auslöser?" „Wie hast du dich dabei gefühlt?" „Was kannst du tun, um es zu wiederholen?"*

Schön ist zu sehen, wie der Inhalt in den Behältern – oder im Buch – wächst.

Fordere dein Kind dazu auf, Heft oder Behälter durch Bekleben oder Anmalen zu verschönern. Das stellt eine noch engere Bindung zu dem gesammelten Glück dar.

Schaut von Zeit zu Zeit gemeinsam nach, was ihr so alles aufgeschrieben habt. Es ist wie Blättern in einem alten Fotoalbum.

Sinn der Übung ist, das Schöne schätzen zu lernen und zu merken, dass es jeden Tag mindestens eine Sache gibt, die schön war. Eine ideale Sache, um ein Ritual daraus werden zu lassen!

Durchführung:

Überlegt gemeinsam (am besten vorm Zubettgehen), was ihr an diesem Tag Schönes getan, gesehen oder erlebt habt.

Nun schreibt ihr es mit Datum entweder in eine extra dafür angelegte Kladde oder auf einen Zettel. Letzteren bewahrt ihr anschließend mit all den weiteren persönlichen Glücksmomenten in einem großen Glas oder in einer schönen Box auf.

Ohne Augen sehen

Altersgruppe:

KIGA+

Material:

Augenbinde

Zeit:

* bis **

Bemerkungen:

Diese Achtsamkeitsübung dient nicht nur dem Spaß (Und den macht es bestimmt!), sondern vor allem auch der Schärfung der Sinne. Achte unbedingt darauf, dass weder „gefährliche" Dinge wie ein brennender Kamin oder „Stolpersteine" wie Treppen im Weg sind. Wenn sich dein Kind nicht traut oder ängstlich ist, zwinge es nicht, sondern biete ihm deine Hand an und begleite es. Vertrauen muss manchmal erst erarbeitet werden!

Durchführung:

Dein Kind bekommt die Augen verbunden und soll sich innerhalb eines ihm bekannten Raumes (z.B. Kinder- oder Wohnzimmer) fortbewegen. Als Steigerung kannst du dein Kind auch eine gewohnte Tätigkeit ausüben lassen. Das kann beispielsweise sein: kehren, einen Turm mit Bauklötzen bauen, Zähne putzen.

Wie und was bin ich?

Altersgruppe:

KIGA

Material:

verschiedene Gegenstände,
die dein Kind kennt,
Augenbinde

Zeit:

*

Bemerkungen/Varianten:

Wer mag, kann auch gerne ein kleines Belohnungsspiel daraus machen, indem es für jeden erkannten Gegenstand einen Sticker gibt.

Durchführung:

Du benötigst verschiedene Alltagsgegenstände, die das Kind kennt, auch gerne Sachen aus seinem Kinderzimmer. Nachdem du ihm die Augen verbunden hast, reichst du ihm einen der Gegenstände und fragst „Wie und was bin ich?" Dein Kind soll nun an dem Gegenstand riechen, es abtasten und gegebenenfalls daran schmecken oder es durch Klopfen erklingen lassen. Fordere es auf, dabei laut zu sagen, wie es sich anfühlt, wie es riecht, wie es schmeckt oder wie es sich anhört. Zum Schluss sollte es den Gegenstand benennen können.

Wo bin ich?

Altersgruppe:
KIGA

Material:
Klangschale, Augenbinde

Zeit:
**

Bemerkungen:

Wechselt mal die Rollen, du wirst sehen, wie schwierig es ist, sich ohne zu sehen zu orientieren.

Durchführung:

Biete deinem Kind einen Stuhl in der Mitte des Raumes an und verbinde ihm die Augen. Gehe nun leise mit der Klangschale in eine Ecke des Raumes und schlage die Klangschale an. Aufgabe deines Kindes ist es, mit dem Finger in die Richtung zu zeigen, woher der Ton kommt.

Versuche auch mal, die Klangschale unter dem Tisch, neben einem Schrank etc. anzuschlagen und bitte dein Kind, nach dem Zeigen genau zu benennen, wo du gerade bist. Schließlich kennt es ja die Räumlichkeiten.

Falsche Eiersuche

Altersgruppe:	Material:	Zeit:
KIGA+	2 leere Eierkartons, Knöpfe, Murmeln, Legosteine und andere Kleinteile (jeweils in mehrfacher Anzahl und identischem Aussehen), Sanduhr	**

Bemerkungen:

Bei jüngeren Kindern solltest du einen kleinen 6er-Karton nehmen.

Folgende Schwierigkeits-Steigerungen sind möglich: Nimm zunächst einheitliche Gegenstände in geringer Anzahl (z.B. nur 4er Lego-Steine in einer Farbe oder gleichgroße Murmeln). Dann kannst du zu einer farblichen Vermischung übergehen. Biete danach zusätzlich verschiedene Größen an und erhöhe die Anzahl. Letztendlich kannst du unterschiedliche Gegenstände nehmen.

Durchführung:

Verteile ein paar Gegenstände in einem leeren Eierkarton und gebe deinem Kind etwa eine Minute Zeit (Sanduhr), sich darauf zu konzentrieren. Schließ den Karton und gib deinem Kind einen leeren Eierkarton. Ermutige es, diesen mit bereitgelegtem, identischem „Füllmaterial" nach gleichem Muster zu bestücken. Nach Beendigung könnt ihr beide offen nebeneinander liegende Eierkartons miteinander vergleichen und feststellen, ob sich dein Kind alles gut gemerkt hat.

Super-Baumeister

Altersgruppe:	Material:	Zeit:
KIGA+	eckige Bauklötze verschiedener Größe, Tisch, Augenbinde	**

Bemerkungen:

Eine Übung, bei der das Taktile im Vordergrund steht.

Durchführung:

Auf einem Tisch liegen verschieden große Bauklötze. Dein Kind kann sie sich erst einmal in Ruhe anschauen, dann verbindest du ihm die Augen. Nun ist es an deinem Kind, die Klötze der Größe nach zu sortieren. Das kann es durch Tasten/Fühlen schaffen. Bevor du ihm am Schluss die Augenbinde abnimmst, bitte es, alles noch einmal genau abzutasten und zu beurteilen, ob es richtig sein könnte.

Willst du die Aufgabe schwieriger gestalten, kannst du dein Kind dazu ermutigen, mit den Bauklötzen einen Turm zu bauen.

Gewichtheber

Altersgruppe:	Material:	Zeit:
Grundschule	mehrere leere Joghurtbecher (gerade Anzahl), Küchenwaage, Stoffreste, Gummiband, diverse Dinge wie Mehl, Zucker, Reis o.Ä., evtl. Augenbinde	***

Bemerkungen:

Als Vorbereitung solltest du zusammen mit deinem Kind eine gerade Anzahl an Joghurtbechern mit immer gleichfarbiger Acrylfarbe anmalen. Fülle dann je zwei Becher mit jeweils ein und derselben Sache z.B. Zucker, jedoch unterschiedlichem Gewicht. Der Unterschied sollte leicht erkennbar sein!

Ziehe über die Becher-Öffnung ein Stück Stoff und befestige es mit einem Gummiband. Das kannst du beliebig oft tun, sodass du verschiedene Pärchen erhältst. Um dir die Kontrolle zu erleichtern, schreibst du das entsprechende Gewicht und was sich im Becher befindet mit einem Edding auf den Becherboden. *Beispiel*: Z 5 g für 5 g Zucker/Z 50 g für 50 g Zucker. Es würde auch ausreichen, wenn du statt des genauen Gewichts ein „l" für „leichter" und ein „sch" für „schwerer" nehmen würdest. Stelle zudem eine Küchenwaage bereit.

Durchführung:

Gib deinem Kind immer zwei Becher gleichen Inhalts in die Hand. Es soll sich nun entscheiden, welcher Becher schwerer und welcher leichter ist.

Tipp:

Empfehle deinem Kind, je einen Becher in je einer Hand zu halten (nach dem Prinzip einer Balkenwaage). Mit geschlossenen beziehungsweise verbundenen Augen kann man sich besser konzentrieren, daher empfehle ich eine Augenbinde. Zur Kontrolle könnt ihr gemeinsam mit der Waage nachmessen. Damit erzielst noch ein wichtiges schulisches Lernziel aus der Mathematik: Gewichte mithilfe einer Waage messen und vergleichen.

Variante:

Stelle alle Becher auf den Tisch. Aufgabe deines Kindes ist es nun, wie bei einem Memory-Spiel immer die passenden Pärchen zu finden. Da hilft nur schütteln und gut hinhören.

Heim-Detektiv

Altersgruppe:

KIGA+

Material:

Fotos verschiedener
Gegenstände aus dem
Privatbereich

Zeit:

*

Bemerkungen:

Bei dieser Achtsamkeits-
übung geht es darum, der
Umgebung, in der du lebst,
Achtsamkeit zu schenken.
Dafür benötigst du ein wenig
Vorbereitung. Suche Dinge in
eurer Wohnung, die nicht in
Schränken versteckt, sondern
offen zu sehen sind. Fotogra-
fiere sie. Es darf nur jeweils
ein Gegenstand gut erkennbar abgelichtet werden. Dru-
cke die Fotos aus oder lasse
sie entwickeln. Das geht ganz
einfach und kostengünstig.
So bieten beispielsweise verschiedene Drogerie-Ketten
wie Rossmann an, die Fotos
direkt vom Handy im Sofort-
verfahren auf Fotopapier
in verschiedenen Formaten
auszudrucken.

Damit ihr länger Freude an
den Bildern habt, solltest du
daheim ausgedruckte Fotos
laminieren oder sie in Klar-
sichthüllen stecken. Hast du
die Materialien erst einmal
hergestellt, kann die Übung
beginnen.

Alternativ kannst du natürlich
auch Fotos von Dingen aus
eurem Garten nehmen; bei-
spielsweise bestimmte Bäume
oder Blumen. Den Schwierig-
keitsgrad sowie die Auswahl
der Motive solltest du dem
Alter des Kindes anpassen.
Ideal sind Dinge, die sich auf
Augenhöhe der Kinder be-
finden.

Durchführung:

Zeige deinem Kind ein Foto
und fordere es auf, in der
Wohnung nach dem abgebil-
deten Gegenstand zu suchen.

Der Einmal-anders-Tag

Altersgruppe:

Grundschule

Material:

--

Zeit:

mehrmals täglich
kurze Sequenzen

Bemerkungen:

Dabei wird nicht nur die Achtsamkeit auf alltägliche Handlungen und auf den Körper
gelenkt, gleichzeitig findet
auch noch eine spielerische
Förderung der Koordination
statt.

Durchführung:

Wie wäre es mit einem Tag
in der Woche, wo ihr ganz
alltägliche Dinge bewusst
„anders" macht? Das kann
sein, dass Rechtshänder
sich mit der linken Hand die
Zähne putzen oder mit Links
essen – umgekehrt führen
Linkshänder natürlich alles
mit Rechts aus. Das kann
aber auch bedeuten, dass
ihr kleine Gänge – etwa den
Weg zum Mülleimer oder ins
Bad – rückwärts beschreitet.
Der Fantasie sind keine Grenzen gesetzt. Deinem Kind fällt
bestimmt viel ein.

Zeitungsdetektiv

Altersgruppe:

Grundschule
(frühestens ab
Mitte Klasse 1)

Material:

Zeitungsausschnitte,
eventuell ein Stift/Marker,
Sanduhr

Zeit:

**

Bemerkungen:

Diese Übung schult in erster Linie die Konzentration, an zweiter Stelle stehen unter anderem das Lesen sowie das Erkennen bestimmter Wörter, Laute und Buchstaben und der grammatikalische Aspekt. Je nach Alter und Aufgabe kann/ sollte die Länge des Zeitungs- ausschnittes variieren. Bilder sollten keine vorhanden sein, das lenkt nur ab.

Beschränke die Übungen auf maximal 15 Minuten. Es kommt nicht unbedingt aufs richtige Zählen oder darauf an, dass der komplette Text durchgearbeitet wird an. Fehler dürfen sein! Bitte kei- nen Leistungsdruck!

Für diese Achtsamkeitsübung musst du ferner auch nicht zwingend neben deinem Kind sitzen. Im Gegenteil, lasse es

in Ruhe diese schwere Kon- zentrationsübung machen. Schau jedoch auf eine Uhr, damit du nach einer bestimm- ten Zeit die Übung stoppen kannst. Falls es dein Kind nicht zu sehr stresst, kannst du ihm eine Sanduhr zur Verfügung stellen.

Durchführung:

Überreiche deinem Kind einen ausgeschnittenen Zeitungs- artikel. Für die meisten Übun- gen sind ein Marker oder ein anderer Stift hilfreich. Nun kannst du verschiedene Ar- beitsaufträge geben, wobei du für jeden neuen Auftrag einen neuen Zeitungsartikel benötigst:

- Zähle die Wörter (Der Zei- tungsausschnitt darf nicht zu lang sein.)

- Zähle und/oder markiere alle Nomen (Funktioniert

erst ab Klasse 3, da vorher die Definition eines Substantivs noch nicht geläufig ist.)

- Zähle und/oder markiere spezielle Wörter; beispielsweise Artikel (der, die, das), „und" oder „oder".

- Zähle und/oder markiere Laute (z.B. au, ei); wobei hier wegen der relativen Häufigkeit der Text nicht zu lang sein darf. Achte auch darauf, dass ihr euch jeweils nur auf *einen* Laut festlegt.

Achtung:

Kinder mit Lese-Rechtschreibschwäche haben Probleme bei der Unterscheidung dieser Diphthonge (= zwei aufeinanderfolgende Vokale wie ie oder ei)!

Wörterschlange

Altersgruppe:	Material:	Zeit:
Grundschule (wird auch gerne von älteren Kindern und Jugendlichen gespielt)	--	**

Bemerkungen:

Gefordert und gefördert wird in erster Linie die Konzentration. Als Nebeneffekt bekommt dein Kind Spaß am Umgang mit Sprache. Was in unserer immer sprachloser werdenden Welt wichtig ist! Zudem findet eine spielerische Förderung seines aktiven Wortschatzes statt.

Ihr könnt diese Übung nicht nur daheim, sondern auch unterwegs durchführen. Ich habe sie mit meinen eigenen Kindern manchmal sogar während der Hausarbeit gespielt. Wörterschlangen beim Abwasch oder beim Kochen sind abwechslungsreich und motivieren...

Durchführung:

Nenne deinem Kind ein zusammengesetztes Nomen, etwa „Spiel**platz**". Jetzt ist dein Kind dran und muss ein neues Wort finden, bei dem der zweite Wortteil am Anfang steht, Beispiele „**Platz**wart". Nun wäre „Wart" an der Reihe, wobei es ohne zusätzlich eingesetzte Buchstaben kaum möglich ist, die Wörterschlange weiterzuführen. Daher gelten auch „Wart**e**zimmer" oder „Wart**e**schlange".

Manchmal sind Kinder sehr ideenreich und es entstehen Fantasiewörter. Meine Meinung dazu: Nimm es nicht so todernst und lasse es zu! Lachen ist gesund, und ich habe mich oft schon über neue Wortkreationen sehr amüsiert.

Smiley als Mitbewohner

Altersgruppe:	Material:	Zeit:
KIGA	mehrere Aufkleber beziehungsweise Zeichnungen, Kopien oder Fotos von einem lächelnden Smiley	*

Bemerkungen:

Jeder kennt sie, die Smileys, die unsere Gefühle bei WhatsApps oder anderweitig ausdrücken. Am beliebtesten dürfte der lachende Smiley sein. Auch in Kindergärten und Schulen haben sie – teils bis in höhere Klassen hinein – als Belobigungssymbole Einzug gehalten. Smileys motivieren.

In der Wohnung verstreute Smileys haben zudem den Nebeneffekt, dass dein Kind sein Zuhause genauer wahrnimmt und schätzt. Smileys gibt es als Sticker in allen möglichen Größen und Farben zu kaufen.

Du kannst natürlich auch anstatt des Smileys ein anderes, positiv besetztes Symbol wählen. Spontan fallen mir da eine lächelnde Blume, ein lächelndes Herz oder eine lächelnde Sonne ein. Wichtig ist, dass das Symbol einfach ist und nicht durch viele Details ablenkt. Außerdem ist zu bedenken, dass du es in mehrfacher Version haben solltest und es an verschiedenen Dingen und Ecken im Raum anbringen musst. Ein paar Beispiele findest ab Seite 178.

Durchführung:

Zur Vorbereitung klebst du – am besten gemeinsam mit deinem Kind – lächelnde Smileys an verschiedene Stellen in der Wohnung. Denke daran, dass es auf Augenhöhe deines Kindes oder zumindest im unmittelbaren Blickfeld sein muss. Ideal sind Stellen, die im Tagesverlauf deines Kindes wichtig sind. Dazu gehören die Haustür, die Decke über dem Kinderbett, der Toilettendeckel, der Platz, wo dein Kind Hausaufgaben macht etc. Jetzt hat dein Kind stets ein paar Punkte mit positiver Besetzung in eurer Wohnung, die es gerne mal zur Motivation oder zum Trost aufsuchen kann, wenn es ihm schlecht geht.

Altbekannte Übungen

Wer glaubt, Achtsamkeitsübungen seien etwas vollkommen Neues, den muss ich eines Besseren belehren. Es gibt sie schon unendlich lange. Bereits meine Eltern und Großeltern kannten derartige Übungen und praktizierten sie mit ihren Kindern. Und auch zahlreiche Pädagogen früherer Zeiten bedienten sich ihrer. Nur nannte man es damals anders: Es waren unter anderem Finger-, Klatsch-, Wort- & Sprachspiele sowie Abzählreime und Zungenbrecher. Diese schulen die Konzentration und die Merkfähigkeit, trainieren das Rhythmusgefühl sowie die Körperbeherrschung. Häufig sind Übungselemente aus der „Liegenden Acht" enthalten.

Und da nicht alles Althergebrachte schlecht ist, will ich dir heute ein paar dieser Übungen aus meiner Kindheit nennen, an die ich mich noch sehr gerne erinnere.

Abzählreime & Klatschspiele

Schaut man bei Wikipedia nach, wird man von der Definition für „Abzählreim" erschlagen: kompliziert und langatmig. Ich würde sagen: Es sind kurze, rhythmisch gesprochene Kinderreime mit teils langer Tradition, die größtenteils mündlich überliefert wurden. Sie existieren in jedem Land. Kinder verwenden sie gerne, um herauszufinden, wer ein Spiel beginnt.

Bei Klatschspielen ist Wikipedia schon klarer: „...ein Oberbegriff für viele Arten von Kinderspielen, die durch das Klatschen der eigenen oder der Hände eines Partners gespielt werden." Kurz und gut: Auch hier kommen (meistens) Reime und rhythmisches Sprechen (oder Singen) zum Tragen.

Inhaltlich gesehen sind beide oft keinesfalls (pädagogisch) wertvoll. Sicherlich kennst auch du einige Abzählreime und Klatschspiele, die seit gefühlten Hunderten von Jahren beliebt sind, abgewandelt werden und von dir als Kind praktiziert wurden. Ich habe im Folgenden eine kleine Sammlung zusammengestellt.

Auf einem Gummi-Gummi-Berg...

Altersgruppe:	Material:	Zeit:
KIGA+	--	*

Bemerkungen:

Diese Übung fordert einiges an Konzentration sowie Koordinationsfähigkeit. Wichtig ist, dass ihr beim rhythmischen Sprechen innerhalb einer Strophe immer wieder die gleichen Handbewegungen durchführt.

Mit zunehmendem Fortschritt könnt ihr das Tempo steigern oder aber neue Klatsch- beziehungsweise Bewegungsvarianten mit ins Spiel bringen.

Übrigens kommt hierbei wieder die liegende Acht zum Tragen (Überkreuzklatschen).

Durchführung:

Ihr müsst euch gegenübersitzen oder -stehen. Dann erfolgt folgender Bewegungsablauf:

- In die eigenen Hände klatschen ➔ jeweils auf die hingerichteten Hände des Mitspielers klatschen ➔ abermals in die eigenen Hände klatschen ➔ mit überkreuzten Händen die des Gegenübers beklatschen.

- In dieser Reihenfolge ist bis zum Ende des Verses fortzufahren. Für jüngere Kinder kannst du leichtere (nur in die eigenen Hände klatschen), für ältere schwierigere (zusätzlich auf die eigenen Oberschenkel klatschen) Bewegungen wählen.

Text:

Auf einem
Gummi-Gummi-Berg,

da saß ein
Gummi-Gummi-Zwerg,

der aß ein
Gummi-Gummi-Brot,

da war er gummi-gummi-tot.

Backe, backe, Kuchen

Altersgruppe:

nicht älter als max. 4 Jahre

Material:

eventuell zwei Holzkochlöffel und ein Kochtopf (notfalls eine Plastikschüssel)

Zeit:

*

Bemerkungen:

Das ist eines der bekanntesten mündlich überlieferten Kinderreime im deutschen Raum, den zahlreiche Eltern bereits mit Säuglingen spielen. Er lässt verschiedene Durchführungsmöglichkeiten zu.

Eine gesungene Version findest du unter: www.singkinderlieder.de/video/backe-backe-kuchen/

Durchführung:

Sprich oder singe gemeinsam mit deinem Kind den Kinderreim und klatscht im Rhythmus dazu in die Hände. Lediglich beim letzten Vers müsst ihr statt des Klatschens eine nach vorne schiebende Bewegung mit beiden Händen ausführen.

Text:

Backe, backe Kuchen, der Bäcker hat gerufen:

Wer will guten Kuchen machen, der muss haben sieben Sachen:

Eier und Schmalz, Zucker und Salz, Milch und Mehl, Safran macht den Kuchen gel.

Schieb, schieb in' Ofen rein!

Variante 1:

Überkreuz klatschen (wiederholend 1x in die eigenen Hände, 1x mit deiner rechten Hand auf die rechte Hand des Gegenübers, wieder 1x in die eigenen Hände, 1x mit deiner linken Hand auf die linke Hand deines Gegenübers). Das ist eine recht schwierige Variante.

Variante 2:

Klatscht einmal in die Hände und einmal auf eure Oberschenkel (leicht).

Variante 3:

Gib deinem Kind zwei Holzkochlöffel, mit denen es abwechselnd im angepassten Rhythmus auf einen umgedrehten Topf schlagen darf (bei Kindern besonders beliebt).

Weitere (Ab)Klatschspiele

Altersgruppe:	Material:	Zeit:
unterschiedliche Altersgruppen, meist KIGA+ beziehungsweise Klasse 1-3	--	*

Bemerkungen:

Hier findest du weitere bekannte (Ab)Klatschspiele, bei denen du die Varianten von oben anwenden kannst.

Durchführung:

Variante 1: Jeweils im Rhythmus in die eigenen Hände klatschen (leichteste Variante).

Variante 2: Überkreuz klatschen (wiederholend 1x in die eigenen Hände, 1x mit deiner rechten Hand auf die rechte Hand des Gegenübers, wieder 1x in die eigenen Hände, 1x mit deiner linken Hand auf die linke Hand deines Gegenübers). Das ist eine recht schwierige Variante.

Variante 3: Klatscht einmal in die Hände und einmal auf eure Oberschenkel (leicht).

Variante 4: Gib deinem Kind zwei Holzkochlöffel, mit denen es abwechselnd im angepassten Rhythmus auf einen umgedrehten Topf schlagen darf (bei Kindern besonders beliebt).

Texte:

1. Bei Müllers hat's gebrannt...

Bei Müllers hat's gebrannt, -brannt, -brannt, da sind wir

hingerannt, -rannt, -rannt.

Da kam ein Polizist, -zist, -zist, der schrieb und auf die List, List, List.

Die Liste fiel in 'n Dreck, Dreck, Dreck, da war mein Name weg, weg, weg.

Da lief ich schnell nach Haus, Haus, Haus, da war die Geschichte aus, aus, aus.

2. Ene mene miste

Ene mene miste, es rappelt in der Kiste, ene, mene, meck und du bist weg!

Weg bist du noch lange nicht, sag mir erst, wie alt du bist (Kind nennt sein Alter, Beispiel 4, und wir zählen dann weiter bis 4)

3. Ene mene Muh

Ene mene Muh, Müllers Esel, das bist du!

Das bist du noch lange nicht, sag mir erst, wie alt du bist!

(Kind nennt sein Alter, Beispiel 4, und wir zählen dann weiter bis 4)

Eins, zwei, drei, vier.

Vier ist kein Wort Und du bist fort!

4. Hopp, hopp, hopp…

Hopp, hopp, hopp, Pferdchen lauf Galopp!

Über Stock und über Steine, brich dir aber nicht die Beine!

Hopp, hopp, hopp, Pferdchen lauf Galopp (Kennt man auch als Spiel, bei dem kleine Kinder auf dem Schoß sitzen und auf den Knien eines Erwachsenen reiten.)

5. Eine kleine Dickmadam

Eine kleine Dickmadam fuhr mal mit der Eisenbahn.

Eisenbahn die krachte, Dickmadam die lachte.

Lachte, bis der Schutzmann kam und sie mit zur Wache nahm.

Auf der Wache wurd' sie frech, bautz, da war sie wech!

6. Eine kleine Mickey Maus

Eine kleine Mickey Maus zog sich mal die Hose aus, zog sie wieder an und du bist dran.

Finger-, Wort- & Sprachspiele

Fingerspiele haben gleich mehrere Funktionen: Kinder erhalten (körperliche) Zuwendung seitens Erwachsener, Körper- sowie Wahrnehmungserfahrungen werden aktiviert und gleichzeitig werden einzelnen Fingern die ganze Achtsamkeit zuteil. Fingerspiele fördern und fordern die Motorik der Hände und der Finger ebenso wie die Sprachentwicklung und die Konzentration.

„Wort- und Sprachspiele" sind ein weit umfassender Begriff. Man kann allgemein sagen, dass es sich dabei um eine spielerische Förderung der Sprachkompetenz handelt, bei der es außerdem darauf ankommt, ein gewisses Sprachgefühl zu entwickeln. Schwerpunkt der Achtsamkeit ist in diesem Falle der Umgang mit Sprache, mit Buchstaben, Lauten, Wörtern und Sätzen. Ein weitreichendes Ziel kann sein, die Freude an der Sprache – im weitesten Sinne sogar an der Literatur – zu wecken, ein generelles Sprachverständnis zu entwickeln, die eigene Ausdrucksfähigkeit zu stärken sowie letztendlich auch Rechtschreibung, Grammatik und Lesetechnik zu schulen. Alles in allem also pädagogisch besonders wertvoll.

Zehn kleine Zappelmänner

Altersgruppe:	Material:	Zeit:
KIGA	--	*

Bemerkungen:

Diese Übung wird immer wieder gerne in den ersten Klassen der Grundschule mit der ganzen Gruppe gespielt. Du kannst sie mit deinem Kind perfekt als Lockerungsübung vor, während oder nach den Hausaufgaben machen.

Durchführung:

Stelle dich, besser noch setze dich – wegen der Begegnung auf Augenhöhe – deinem Kind gegenüber. Sprich zu Beginn den Text alleine und mache die Bewegungen mit beiden Händen gleichzeitig vor.

Im Prinzip spricht der Text für sich, sodass dein Kind schnell passende Bewegungen findet. Dennoch gebe ich dir als kleine Bewegungs-Tipps.

Text & Ausführungs-Tipps:

- *Zehn kleine Zappelmänner zappeln hin und her* (mit allen Fingern zappeln),

- *zehn kleinen Zappelmännern fällt das gar nicht schwer* (weiterzappeln und Kopf schütteln).

- *Zehn kleine Zappelmänner zappeln auf und nieder,* (Finger zur Faust ein- und ausklappen),

- *zehn kleine Zappelmänner tun das immer wieder* (weiterhin Finger zur Faust ein- und ausklappen).

- *Zehn kleine Zappelmänner zappeln ringsherum* (mit dem Handgelenk kreisende Bewegungen machen),

- *zehn kleine Zappelmänner, die sind gar nicht dumm* (Kopf schütteln und mit dem Zeigefinger an die Stirn tippen, dabei mit den Fingern der anderen Hand weiterzappeln).

- *Zehn kleine Zappelmänner spielen gern Versteck* (Finger in der Faust verstecken),
- *zehn kleine Zappelmänner sind auf einmal weg* (Faust beibehalten).

- *Zehn kleine Zappelmänner sind nun wieder da* (Faust öffnen und Finger nach oben recken),
- *zehn kleine Zappelmänner rufen laut: „Hurra!"* (Mit erhobenen Armen in die Luft springen und laut „Hurra!" rufen.)

Hast 'nen Taler...

Altersgruppe:

KIGA (bis maximal 1. Klasse)

Material:

--

Zeit:

*

Bemerkungen:

Unsere Handinnenflächen sind übersät mit zahlreichen Nerven. Sie übertragen viele motorische und sensitive Informationen auf den Körper beziehungsweise bestimmte Körperteile/Körperpartien. Neurologen wissen um den bedeutenden Einfluss der Handinnenflächen. In der Akupressur befinden sich hier viele der wichtigen Punkte, die Besserung, Aktivierung oder gar Heilung versprechen. Das zeigt alles, wie wichtig und sensibel diese Körperpartie ist und wie elementar Achtsamkeitsübungen wie diese hier sind.

Dieses Fingerspiel mit mündlich überliefertem Text kannst du im Prinzip bereits bei Babys durchführen. Dabei musst du jedoch den kompletten aktiven Part übernehmen. Aber du wirst sehen – ich spreche aus Erfahrung –, dass es dem Säugling gefällt.

Durchführung:

Dein Kind streckt dir die Handinnenfläche einer Hand entgegen. Mit dem Zeigefinger seiner anderen Hand wird einmal pro Vers im Rhythmus auf diese Handfläche getippt. Bei jüngeren Kindern übernimmst du das. Beim letzten Vers jedoch wird mit allen Fingern der Hand (Daumen ausgeschlossen) in die offene Handinnenfläche gekitzelt.

Text

Hast 'nen Taler, geh' zum Markt, kauf' 'ne Kuh, 'nen Kälbchen dazu.

Kälbchen hat 'nen Schwänzchen, macht kille-kille-Gänschen.

Zwergenstreit

Altersgruppe:	Material:	Zeit:
KIGA	--	*

Bemerkungen:

Ein nicht so bekannter, jedoch ebenfalls alter, überlieferter Kinderreim, der die Achtsamkeit auf die einzelnen Finger sowie deren Beweglichkeit in Verbindung mit einer entsprechenden Textpassage setzt.

Durchführung:

Dem Text entsprechend wird mit den Fingern einer Hand gespielt. Beginnt während der ersten beiden Verse mit dem wilden Zappeln aller Finger gleichzeitig. Dann kommt der Reihe nach – beim Daumen beginnend – je Vers ein Finger dran, der gezeigt wird. Zum Schluss könnt ihr noch ein Schmatz-Geräusch mit Kaubewegung machen.

Text:

Da droben auf dem Berge, da ist der Teufel los, da zanken sich fünf Zwerge um einen dicken Kloß.

Der erste will ihn haben, der zweite lässt ihn los, der dritte fällt in 'n Graben, dem vierten platzt die Hos', der fünfte schnappt den Kloß und isst ihn ohne Soß'!

Gestatten: Finger!

Altersgruppe:

KIGA (maximal bis 4 oder 5 Jahre)

Material:

--

Zeit:

*

Bemerkungen:

Ein ebenfalls bekanntes, mündlich überliefertes Fingerspiel, das du bereits mit Kindern im Krabbelalter spielen kannst. Selbst wenn diese dann eigentlich nicht direkt selber aktiv werden, so entwickeln sie dennoch ein Gefühl für die eigenen Finger und haben mit das Schönste, was es für Kinder gibt: Zeit mit einem geliebten Menschen. Ältere Kindergartenkinder können selber aktiv werden, indem sie die einzelnen Finger mit der anderen Hand wie zur Begrüßung wackeln.

Durchführung:

Sprich zusammen mit deinem Kind den folgenden Text und fordere es auf, in jeder Zeile je einen Finger mit der anderen Hand zu wackeln. Beginnt mit dem Daumen.

Text:

Das ist der Daumen, der schüttelt die Pflaumen, der hebt sie auf, der trägt sie nach Haus' und der Kleine isst sie alle alleine auf.

Himpelchen & Pimpelchen

Altersgruppe:	Material:	Zeit:
KIGA	--	*

Bemerkungen:

Dieser Text eines unbekannten Verfassers wurde mündlich überliefert, ist kindgerecht – wenn auch nicht mehr unbedingt zeitgemäß – und erfreut sich seit vielen, vielen Jahrzehnten (wenn nicht gar noch länger) großer Beliebtheit. Während meiner Berufstätigkeit konnte ich immer wieder feststellen, dass selbst Kinder der 1. und 2. Klasse immer noch Spaß an dieser Achtsamkeitsübung hatten.

Warum aber sind die Bewegungen zweier Daumen so wichtig, abgesehen davon, dass das Rezitieren eines derart langen Textes bereits eine enorme kognitive Leistung erfordert? Ganz einfach: Der Daumen nimmt innerhalb unserer Finger eine ganz besondere Stellung ein: Er ist der einzige Finger, der nur aus zwei Gliedern besteht, er ist – betrachtet man die Hand als Ganzes – der kürzeste und äußerste der strahlenförmig verlaufenden Finger und ist zudem der beweglichste aller Finger. Der Daumen ist ferner der einzige Finger, der sich allen anderen Fingern gegenüberstellen und Druck auf diese ausüben kann, zugleich ist er einer der wichtigsten, weil er für sämtliche Greifbewegungen, fürs Festhalten von Dingen, hauptverantwortlich ist. Wissenschaftler haben außerdem festgestellt, dass der dem Daumen zugeordnete Bereich im Großhirn wesentlich ausgeprägter ist als der der anderen Finger. All das legitimiert und erklärt die Wichtigkeit dieser Achtsamkeitsübung, die dem Daumen gebührt.

Durchführung:

Am besten stellst oder setzt du dich beim ersten Mal deinem Kind gegenüber und sprichst nicht nur den dazugehörenden Text, sondern machst auch die Bewegungen vor. Du wirst sehen, bald schon kann es dein Kind ganz alleine.

Text & Ausführungs-Tipps:

- Streckt beide Daumen in die Höhe. Einer der Daumen ist Himpelchen (normalerweise der der sogenannten „Schreibhand"), der andere Pimpelchen.

- Wenn es heißt, dass sie auf einen Berg steigen, knickt ihr die Daumen parallel zueinander und geht ein wenig in die Höhe damit.

- Beim Wackeln mit den Zipfelmützen müsst ihr mit den Daumen wackeln.

- Das Verstecken im Berg wird durch beide Daumen dargestellt, die in der Faust verschwinden.

- Dann legt ihr beide Hände an eine Wange, so als wolltet ihr schlafen.

- Beim letzten Vers müsst ihr die Fäuste an die Ohren halten und ganz still sein. Mit etwas Glück hört ihr euren Puls beziehungsweise das Rauschen des Blutes. Wenn dein Kind nichts hört, kannst du ihm in jedem Fall sagen, dass es die Stille „gehört" hat. Viele Kinder haben mir bislang auch andere Dinge erzählt, die sie gehört haben wollen. Manche meinten, dass sie Himpelchen und Pimpelchen im Berg gehört hätten, wie sie miteinander flüsterten. Lass solche Aussagen zu. Ich finde sie toll!

Himpelchen und Pimpelchen stiegen auf einen Berg.

Himpelchen war ein Heinzelmann und Pimpelchen ein Zwerg.

Sie blieben lange dort oben sitzen und wackelten mit ihren Zipfelmützen.

Doch nach 33 Wochen sind sie in den Berg gekrochen.

Da schlafen sie in guter Ruh'.

Seid mal still und hört gut zu!

In dem Walde steht ein Haus...

Altersgruppe:
KIGA

Material:
--

Zeit:
*

Bemerkungen:

Dieses einfache Fingerspiel, dessen Verfasser unbekannt ist, kannst du mit deinem Kind bereits schon in frühem Alter durchführen. Verlangt wird dabei die Kombination zwischen Gehörtem und auszuführenden Bewegungen. Du solltest den Text entweder singen oder mit einer gewissen Rhythmik sprechen.

Eine Version des Liedes findest du unter: https://www.youtube.com/watch?v=V2Mt18kQAPw&ab_channel=KinderliederzumMitsingenundBewegen

Durchführung:

Am besten stellt oder setzt ihr euch gegenüber und sprecht später, wenn dein Kind den Text kann, zusammen folgenden Kinderreim. Bei den fettgedruckten Wörtern solltet ihr die vorgeschlagenen Bewegungen ausführen.

Text & Ausführungs-Tipps:

- *In dem Walde steht ein* **Haus** (ein Dach mit aneinandergelegten Händen formen),

- *guckt* **ein Reh** *zum Fenster raus* (beide Daumen an die jeweiligen Zeigefinger legen und so einen Kreis formen; diesen wie ein Fernglas um die Augen legen),

- *kommt ein* **Häslein** (lange Hasenohren mit den Händen über dem Kopf formen) **angerannt,** (mit den Händen paddeln, als wollten sie rennen),

- **klopft** *an die Wand* (mit dem Zeigefinger pantomimisch oder konkret gegen nahen Gegenstand klopfen):

- „Hilfe, **Hilfe, hilf** *mir doch* (Arme mehrmals in die Höhe strecken),

- *sonst* **schießt** *mich der Jäger tot!"* (Einen Arm mit ausgestrecktem Zeigefinger mit dem anderen am Ellbogen halten und damit ein Gewehr darstellen.)

- *„Armes Häslein,* **komm herein** (eine einladende Bewegung mit einer Hand machen),

- **reich mir deine Hand**.*"* (Reicht euch gegenseitig wie zur Begrüßung die Hände oder gebt euch selber die Hand.)

Variante

Zur Steigerung der Konzentrationsfähigkeit wird das Ganze (mehrmals) wiederholt und eines der fettgedruckten Wörter/Satzteile wird nicht gesprochen, jedoch durch Geste ersetzt. Du könntest es sogar so weit steigern, dass nur noch ein pantomimisches Spiel übrig bleibt. Diese Variante ist jedoch aufgrund des Schwierigkeitsgrades nur für ältere Kinder gedacht.

Mein Hut, der hat drei Ecken

Altersgruppe:
KIGA/KIGA+ &
Grundschule

Material:
--

Zeit:
* bis **

Bemerkungen:

In diesem traditionellen Kinderlied geht es um einen Hut mit drei „Ecken", um den Dreispitz-Hut. Der Name entstand aufgrund der Hutform: drei nach oben geklappte Krempen. Wir alle kennen Bilder von Napoléon, er trug einen Zweispitz.

Manche Quellen sagen, dieses traditionelle Kinderlied ginge in seinem Ursprung auf ein hebräisches Kinderlied zurück. Da man Ende des 19. Jahrhunderts besagte Dreispitz-Hüte vornehmlich im Saarland sowie in Westpreußen trug, ist anzunehmen, dass der deutsche Text aus dieser Zeit stammt. Egal wie, „Mein Hut, der hat drei Ecken..." dürfte (fast) jedem bekannt sein.

„Mein Hut, der hat drei Ecken..." trainiert die Koordination zwischen Bewegung, rhythmischer Artikulation des Reimes sowie der Denkleistung, Text zu verändern. Während die 1. Strophe noch relativ einfach ist, stellen die folgenden Strophen eine hohe Anforderung an die Konzentrationsfähigkeit deines Kindes. Vergiss das nicht und übersehe es diskret, wenn es mal nicht so klappt!

Tipps:

Ganz fitte Kinder sind in der Lage, das Tempo zu steigern. Wenn du magst, kannst du mit deinem Kind (fast passend zum Lied) einen Papierhut basteln.

Einige interessante Varianten des Liedes findest du unter: www.singkinderlieder.de/video/mein-hut-der-hat-drei-ecken/

Noten sowie MP3 Downloads gibt es hier: www.lieder-archiv.de/mein_hut_der_hat_drei_ecken-notenblatt_100046.html

Durchführung:

Steht euch gegenüber, damit dein Kind deine Bewegungen besser nachahmen kann.

Text & Ausführungs-Tipps:

Strophe: *Mein Hut* (Finger beider Hände aneinanderlegen und als Spitze über dem Kopf platzieren), *der hat drei Ecken* (mit beiden Händen ein Dreieck formen), *drei Ecken* (mit beiden Händen ein Dreieck formen), *hat mein Hut* (Finger beider Hände aneinanderlegen und als Spitze über dem Kopf platzieren). *Und hätt' er nicht drei Ecken,* (mit beiden Händen ein Dreieck formen), *so wär's auch nicht mein Hut* (Finger beider Hände aneinanderlegen und als Spitze über dem Kopf platzieren). Bis dahin ist es eine sehr einfache Übungsvariante für Kinder von etwa 3-5 Jahren. Mit älteren Kindern übst du die Version, bei der in jedem Durchgang ein Wort weglassen und durch die entsprechende Bewegung ersetzt wird. Zum Schluss bleiben nur wenige Wörter übrig. Das sieht dann so aus:

- Strophe: „Hut" durch Bewegung (s.o.) ersetzen.
- Strophe: „Hut" und „Ecken" durch Bewegungen (s.o.) ersetzen.
- Strophe: „Hut" (s.o.), „drei" (3 Finger hochhalten) und „Ecken" (s.o.) durch Bewegungen ersetzen.
- Strophe: „mein" (sich mit dem Finger auf die Brust tippen), „Hut", „drei" und „Ecken" durch Bewegungen (s.o.) ersetzen.
- Strophe: „nicht" (Kopf schütteln und erhobenen Zeigefinger nach rechts und links als Verneinung schwingen), „mein", „Hut", „drei" und „Ecken" durch Bewegungen (s.o.) ersetzen.

Zum Schluss sieht der Text so aus:

_ _, der hat _ _,
_ _ hat _ _.

Und hätt' er _ _ _,
so wär's auch _ _ _.

Bastelanleitung:

Nimm ein rechteckiges Stück Zeitungs- oder Tonpapier – für kleinere Köpfe reicht DinA4-Format, ansonsten etwas größer.

Lege es hochkant vor dich und falte es einmal in der Mitte, sodass eine Art Doppelseite entsteht.

Lege es nun mit der offenen Seite nach oben vor dich und falte jeweils die rechte und die linke Ecke bis zur Mittellinie.

Das dadurch unten übrig gebliebene Teil – bestehend aus 2 Laschen – faltest du jeweils

zu einer Seite nach oben (Also dafür einmal umdrehen!).

Im Prinzip ist der Hut nun fertig. Wenn ihr wollt, bemalt oder verziert ihn noch.

Wichtig ist, dass ihr alle gefalteten Kanten gut mit dem Fingernagel verstreicht, damit der Hut gut hält.

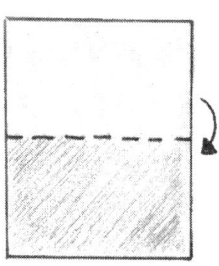

Einmal in der Mitte falten

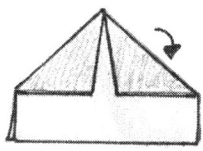

Ecken zur Mitte falten

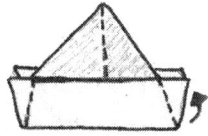

Ränder jeweils nach oben falten

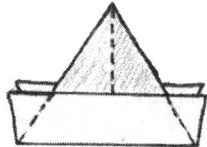

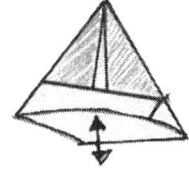

Hier öffnen

Lied von der kleinen Wanze

Altersgruppe:	Material:	Zeit:
Grundschule	--	**

Bemerkungen:

Die älteste bekannte Quelle dieses Volks- beziehungsweise Kinderliedes stammt laut Wikipedia von 1890. Für unsere Achtsamkeitsübung jedoch ist es wichtiger zu wissen, dass hier in erster Linie eine spielerische Förderung der Konzentration stattfindet und sowohl das Gehör als auch die Artikulationsfähigkeit angesprochen werden.

„Auf der Mauer, auf der Lauere..." ist eine Art Lückentext-Lied, bei dem die wichtigsten Wörter „Wanze" und „tanzen" sind. Diese nämlich „verlieren" bei jeder Wiederholung des Reims jeweils einen Buchstaben am Wortende. Aus der „Wanze" wird somit eine Wanz, eine Wan, eine Wa und eine W. Aus „tanzen" wird tanze, tanz, tan, ta und t. Am Ende bleibt nur noch eine Pause anstelle dieser Wörter übrig, die ihr gut mit vereinbarten Gesten ausfüllen könnt. *Beispiel*: Schulter hochziehen, Hände auf Brusthöhe nach außen bringen, so als wolltest du sagen „Keine Ahnung!", oder die Hand als Zeichen fürs Verstummen vor den Mund halten.

Zu Beginn kannst du mit ein paar „Tricks" arbeiten, die es deinem Kind erleichtern, die richtige Reihenfolge hinzubekommen. Zerlegt die Wörter „Wanze" und „tanzen" in einzelne Buchstaben, schreibt jeden Buchstaben auf ein extra Blatt und legt alle in der richtigen Reihenfolge vor euch. Beim Singen beziehungsweise Sprechen könnt ihr nun jeweils den letzten Buchstaben auch optisch wegnehmen. Das funktioniert natürlich nur dann, wenn dein Kind bereits lesen kann. Wenn wir genauer hinschauen, ist das nicht nur ein wertvoller Trick, sondern schult außerdem noch die Verbindung zwischen akustischem und visuellem Belang der Laute/Buchstaben.

Vor Beginn solltest du jedoch mit deinem Kind zwei Vokabeln (Lauer & Wanze) klären, die nicht mehr zwingend zu unserem heutigen Sprachgebrauch gehören und die vor allem Kinder kaum kennen.

Kurze, kindgerechte Erklärung für „Lauer" und „Wanze":

- Auf der „Lauer" liegen oder sitzen heißt, im Versteck liegen/sitzen und auf etwas warten (lauern).

- Eine Wanze ist ein sechsbeiniges Insekt. Vielleicht zeigst du deinem Kind mal ein Bild einer Wanze.

Wer die Melodie nicht kennt, kann einen rhythmischen Sprechgesang daraus machen. Ein Art Musik- und Bewegungs-Kostprobe findest du unter **www.youtube.com/ watch?v=47lxj5U4El8** oder eine gesungene Version unter kinderliederzummitsingen.de/ auf-der-mauer-auf-der-lauer-sitzt-ne-kleine-wanze/

Durchführung:

Stellt euch einander gegenüber auf.

Text & Ausführung:

Auf der Mauer, auf der Lauer sitzt 'ne kleine Wanze.

Auf der Mauer, auf der Lauer sitzt 'ne kleine Wanze.

Seht euch mal die Wanze an, wie die Wanze tanzen kann!

Auf der Mauer, auf der Lauer sitzt 'ne kleine Wanze.

Weiter geht es, indem immer wieder diese vier Verse gesungen/gesprochen werden, nur fällt immer ein anderer Buchstabe am Ende der Wörter „Wanze" und „tanzen" weg (s.o.). Am Ende sieht es dann so aus:

Auf der Mauer, auf der Lauer sitzt 'ne kleine _ _.

Auf der Mauer, auf der Lauer sitzt 'ne kleine _ _.

Seht euch mal die _ _ an, wie die _ _ _ _ kann!

Auf der Mauer, auf der Lauer sitzt 'ne kleine _ _.

Variante 1:

Nach dem Vorbild der 1. Variante oben können erschwerend noch die Wörter „Mauer" und „Lauer" in ihren Endbuchstaben gekürzt werden. Auch hier kannst du den Trick mit den Einzelblättern (siehe Bemerkung) anwenden. Die Endversion sieht dann so aus:

Auf der _ _., auf der _ _ sitzt 'ne kleine _ _.

Auf der _ _., auf der _ _ sitzt 'ne kleine _ _.

Seht euch mal die _ _ an, wie die _ _ _ _ kann!

Auf der _ _., auf der _ _ sitzt 'ne kleine _ _.

Variante 2:

Jetzt wird es sehr schwierig, denn auch die Wörter „sitzt" und „seht" müssen gekürzt werden, bis alles so aussieht:

Auf der _ _., auf der _ _ _ 'ne kleine _ _.

Auf der _ _., auf der _ _ _ 'ne kleine _ _.

_ euch mal die _ _ an, wie die _ _ _ _ kann!

Auf der _ _., auf der _ _ _ 'ne kleine _ _.

Hier ist es besonders schwierig, weil das stimmlose H in „seht" nicht ins Gewicht fällt und dieses Wort weit vor „sitzt" sozusagen „abgearbeitet" ist.

Meine Hände sind verschwunden

Altersgruppe:	Material:	Zeit:
KIGA bis maximal 2. Klasse	--	*

Bemerkungen:

Dieses traditionelle Kinderlied, dessen Dichter und Komponist unbekannt ist, ist auf bestimmte Körperteile fokussiert. Es schult durch Bezeichnung und Erfassung bestimmter Körperteile die eigene Körperwahrnehmung sowie die Kombinationsfähigkeit zwischen Körperbeherrschung, Rhythmik und pantomimischer Darstellung.

Das Kinderlied besteht aus jeweils vier Versen pro Strophe. Inhaltlich geht es darum, in jeder Strophe pantomimisch einen anderen Körperteil verschwinden zu lassen. Die 3. Zeile beginnt mit dem Wörtchen „Ei". Wenn ihr dieses Wort singt, solltet ihr den entsprechenden Körperteil wieder auftauchen lassen. Jede Strophe endet mit einem „Tra la la la la la la". Dazu klatscht ihr im Rhythmus oder winkt euch gegenseitig zu.

Die letzte Strophe ist besonders lustig, weil es sich merkwürdig anhört, mit zugehaltenem Mund zu singen.

Liedbeispiel:

www.singkinderlieder.de/video/meine-haende-sind-verschwunden/oderwww.youtube.com/watch?reload=9&v=OnS6WlVHJvs

Durchführung:

Wenn ihr euch gegenübersteht, kann dein Kind nicht nur die akustische Hilfe sondern auch die visuelle von dir bekommen.

Text & Ausführungs-Tipps:

- *Meine Hände sind verschwunden* (Hände hinter den Rücken legen), *ich habe keine Hände mehr.*

- *Ei* (Hände wieder hinter dem Rücken hervorholen), *da sind die Hände wieder.*

- *Tra la la la la la la* (klatschen oder zuwinken).

- *Meine Nase ist verschwunden* (Nase in einer Hand verstecken), *ich habe keine Nase mehr.*

- *Ei* (Nase wieder freigeben), *da ist die Nase wieder.*

- *Tra la la la la la la* (klatschen oder zuwinken).

- *Meine Augen sind verschwunden* (Augen mit den Händen zuhalten), *ich habe keine Augen mehr.*

- *Ei* (Hände von den Augen nehmen), *da sind die Augen wieder.*

- *Tra la la la la la la* (klatschen oder zuwinken).

- *Meine Ohren sind verschwunden* (Ohren mit je einer Hand zuhalten), *ich habe keine Ohren mehr.*

- *Ei* (Ohren wieder freigeben), *da sind die Ohren wieder.*

- *Tra la la la la la la* (klatschen oder zuwinken).

- *Meine Finger sind verschwunden* (Finger, inklusive Daumen, zur Faust formen), *ich habe keine Finger mehr.*

- *Ei* (Faust öffnen, Finger freilassen), *da sind die Finger wieder.*

- *Tra la la la la la la* (klatschen oder zuwinken).

- *Mein Mund ist verschwunden* (Mund mit einer Hand zuhalten), *ich habe keinen Mund mehr.*

- *Ei* (Hand vom Mund nehmen), *da ist der Mund wieder.*

- *Tra la la la la la la* (klatschen oder zuwinken).

Varianten

Erweitere/Verändere das Lied durch zusätzliche Körperteile.

Nenne zum Schluss den Namen deines Kindes anstatt eines Körperteils, das animiert dazu, dass es sich versteckt.

Nimm statt Körperteile Kleidungsstücke beim An- und Ausziehen (wäre bei jüngeren Kindern eine Wortschatzerweiterung zum Thema „Bekleidung").

Kim-Spiele

Sicherlich kennst du Kim-Spiele, wenn vielleicht auch nicht unter dieser Bezeichnung. Zu den bekanntesten Kim-Spielen dürfte „Ich packe meinen Koffer..." gehören.

Kim-Spiele – dessen Namensgebung der Romanfigur Kim aus dem gleichnamigen Roman von Rudyard Kiplings (1901) entstammt – fördern sowohl die Wahrnehmung, gezielter ausgedrückt, die Verfeinerung der Sinne, als auch die Merkfähigkeit. Ebenso wie Konzentration ist Geduld gefordert. Das Gute an Kim-Spielen ist, dass sie – je nach Form – für nahezu alle Altersgruppen geeignet sind.

Übrigens sind die bei Kindern so beliebten Wimmelbücher oder Wimmelbilder auch eine Art Kim-Spiele.

Da Kim-Spiele (viel) Konzentration verlangen, solltest du diese Form des Achtsamkeitstrainings für Kinder am besten in zeitlich kurzen Sequenzen durchführen.

Eigentlich hätte ich die folgenden Übungen auch unter dem Punkt „Mit allen Sinnen" anführen können, sie erschienen mir jedoch so wichtig, dass ich ihnen einen eigenen Teil widmen wollte.

Seh-, Hör-, Fühl- & Denkdetektiv

Altersgruppe:	Material:	Zeit:
KIGA+	verschiedene Gegenstände, Sanduhr, Tuch	**

Bemerkungen:

Dieses traditionelle Kim-Spiel schult die Wahrnehmung, die Merkfähigkeit und die Konzentration, wobei in erster Linie der Sehsinn angesprochen wird.

Durchführung:

Lege - je nach Alter deines Kindes - fünf bis maximal zehn verschiedene Dinge auf den Tisch. Hilfreich ist es, wenn du es aufforderst, diese zunächst zu benennen. Dadurch merkst du, ob dein Kind die Begrifflichkeiten überhaupt kennt. Gib ihm dann mithilfe der Sanduhr ein bis zwei Minuten Zeit, sich die Dinge genau einzuprägen. Anschließend werden die Gegenstände mit einem Tuch zugedeckt, und das Kind soll dir möglichst genau sagen, was unter dem Tuch liegt.

Variante 1:

Nachdem dein Kind alle Gegenstände konzentriert betrachtet hat, bittest du es, sich kurz umzudrehen. Dann nimmst du einen der Gegenstände weg. Die Aufgabe deines Kindes ist es nun, zu erkennen, welcher Gegenstand fehlt.

Variante 2:

Lasse dir als Steigerung der Schwierigkeit die Farben der jeweiligen Gegenstände nennen.

Variante 3:

Anstatt den Schwerpunkt auf die Optik zu legen, kannst du ihn auch auf die Akustik verschieben. Dazu benötigst du die selbst hergestellten Döschen aus der Achtsamkeitsübung „Achtung - fertig - hör!" von Seite 51. Besonders interessant ist es auch mit Alltagsgeräuschen. Dazu kannst du selber verschiedene Geräusche wie das Hupen eines Autos, das Laufen von Wasser ins Waschbecken, das Bellen eures Hundes etc. (mit dem Handy) aufnehmen und deinem Kind vorspielen. Verschiedene Geräusche-CDs im Handel, manchmal sogar inklusive entsprechenden Bildkarten, bieten diesbezüglich eine breite Auswahl. Vorschläge und Bezugsquellen findest du auf Seite 204. Unter *www.planet-schule.de/mm/geraeusche-quiz/* findest du zudem einige Anregungen sowie eine kostenlose, thematisch passende Spielmöglichkeit.

Wimmelbild/Wimmel(bilder)buch

Altersgruppe:

KIGA+ (bis hin zu 12+)

Material:

Wimmelbild (wahlweise ein Wimmelbuch)

Zeit:

** bis ***

Bemerkungen:

Für diejenigen, die nicht so recht wissen, was ein Wimmelbuch ist, hier ein kurzer Abriss: Eigentlich heißt es Wimmelbilderbuch, denn die heutigen Wimmelbücher verzichten in der Regel auf Text. Wie der Name sagt, befinden sich in dem Buch zahlreiche, ganzseitige Bilder, auf denen es vor lauter sehr detailliert dargestellten Menschen, Tieren, Pflanzen und Dingen nur so „wimmelt". In der Regel sind Alltagsszenen dargestellt. Zwar gilt der deutsche Bilderbuchautor und Illustrator Ali Mitgutsch (1935-2022), der 1968 sein erstes Wimmelbuch herausbrachte, als „Urvater" dieser Literaturart, ich aber behaupte, dass bereits der bekannte niederländische Maler Pieter Brueghel d. Ä. (um 1525/1530-1569) Wimmelbilder malte.

Aufgrund der Fülle, ist es zum einen kaum möglich, alles auf einen Blick zu erfassen, und zum anderen extrem interessant, weil man scheinbar bei jedem Betrachten immer wieder neue Dinge erkennt. Kinder lieben Wimmelbilder. Es gibt sogar einen eigenen Wimmelbuch-Verlag (wimmelbuchverlag.de).

Durchführung:

Schau dir gemeinsam mit deinem Kind eines der beiden Wimmelbilder von Seite 180 an, wahlweise kannst du auch eines der zahlreich auf dem Markt erschienenen Wimmelbücher wählen. Beispiele findest du auf Seite 208 unter „Materialien & Bezugsquellen".

Verschiedene Varianten

Lasse dein Kind einfach erzählen, was es sieht. Vielleicht kannst du zusätzlich Rückfragen wie *„Was macht der gerade*?" oder *„Welche Farbe hat es*?" stellen.

Frage gezielt nach einer Sache, lasse sie dir zeigen und mit Worten erklären, wo genau sie auf dem Bild zu finden ist.

Spielt eine Art „Ich-sehe-was-was-du-nicht-Siehst". Wechselt die Rollen des Sehenden mit der des Suchenden/Ratenden.

Restaurant-Tester

Altersgruppe:	Material:	Zeit:
KIGA+	verschiedene Lebensmittel, Augenbinde, Löffel	**

Bemerkungen:

Geschmack ist für Kinder oft besonders schwierig zu beschreiben, denn viele unterscheiden – je nach Altersstufe – lediglich zwischen „schmeckt gut" oder „schmeckt mir nicht". Als Vorübung könntest du daher eine gemeinsame Kostprobe verschiedener Dinge veranstalten und die Bezeichnungen der Geschmacksrichtungen „süß", „sauer", „bitter" und „salzig" abklären. „Umami" lasse ich bewusst weg.

Durchführung:

Verbinde deinem Kind die Augen. Wenn du magst, kannst du bereits vorher die zu probierenden Lebensmittel/Gewürze bereitstellen, damit dein Kind schon einmal sieht, was es kosten darf.

Das empfiehlt sich besonders bei jüngeren Kindern. Dann reichst du nacheinander einige Kostproben. Das können ein Löffelchen Zucker, eine Messerspitze Salz (Achtung, auf keinen Fall zu viel!!!!), ein Stück Banane, Apfel, Zitrone, Rosine, Schokolade, Reiswaffel o.a. sein. Dein Kind muss nun erraten, was es gerade probiert hat und nach Möglichkeit auch sagen, wie es schmeckt. Gut wäre, wenn sowohl etwas Süßes, als auch etwas Saures, Bitteres und Salziges dabei wäre.

Variante für ältere Kinder:

Du lässt dein Kind Lebensmittel gleicher Geschmacksrichtungen einander zuordnen.

Was fehlt denn da?

Altersgruppe:
Grundschule

Material:
Fühlsack oder Fühlbox,
verschiedene Gegenstände

Zeit:
**

Bemerkungen:

Du kannst für diese Übung entweder einen Turnbeutel oder den zur Übung „Achtung – fertig – fühl!" unter der Rubrik „Mit allen Sinnen" präparierten Schuhkarton (Seite 52) nehmen. Die Anzahl der Dinge solltest du langsam steigern. Am besten beginnst du mit drei bis fünf Teilen.

Bei diesem Kim-Spiel sind neben der Aufmerksamkeit die taktile Wahrnehmung deines Kindes sowie dessen Merkfähigkeit gefragt.

Durchführung:

Fülle verschiedene Dinge, die sich von ihrer Oberfläche oder ihrer Form her voneinander unterscheiden, in einen Fühlsack oder in eine Fühlbox. *Beispiele*: Wäscheklammer, kleiner Ball, Igelball, Löffel, Würfel u.v.a.m. Dein Kind hat nun die Aufgabe, die Gegenstände zu ertasten und zu beschreiben, wie es sich anfühlt. Im Idealfall kann es sagen, um welchen Gegenstand es sich handelt.

Nachdem das geklärt ist, sollte sich dein Kind kurz umdrehen, und du entnimmst der Fühlkiste einen Gegenstand. Wenn dein Kind sich wieder umgedreht hat, darf es abermals in die Kiste greifen und soll alleine durch Fühlen feststellen, welcher Gegenstand fehlt. Dieser Teil der Übung ist besonders schwierig. Nimm daher zu Beginn nicht zu viele Gegenstände auf einmal (drei bis fünf reichen aus).

Zungenbrecher

Auch etwas, was in meiner Kindheit zur Tagesordnung gehörte: Zungenbrecher. Auch sie zählen zu Achtsamkeitsübungen. Das Sprechen solcher schwierigen Wortgefüge verlangt dem Sprecher – auch uns Erwachsenen! – Einiges ab. Schwierig sind dabei nicht die einzelnen Wörter und auch nicht der Inhalt, der oft sehr „sinn-fern" ist, sondern das Aneinanderreihen bestimmter Wörter mit gleichen oder ähnlichen Lauten.

Zungenbrecher sind Achtsamkeitsübungen, die sich auf die Sprache, das Sprachvermögen konzentrieren (also auch gut logopädisch einsetzbar sind!). Sie sind kurzweilig, kurzfristig und in erster Linie ohne Zusatzmaterial einsetzbar. Selbst unterwegs, etwa auf Autofahrten, könnt ihr Zungenbrecher gut üben.

Kinder trainieren mit Zungenbrechern ihre Artikulationsfähigkeit sowie ihre Merkfähigkeit; dabei müssen sie sich stark konzentrieren.

Da Kinder bereits im Vorschulalter, also etwa mit fünf Jahren, gezielt mit Sprache spielen, kann man sie auch ab diesem Alter mit (leichten) Zungenbrechern, die aus wenigen Wörtern bestehen, konfrontieren. Mit zunehmendem Alter (und zunehmendem Training) gewinnt dann nicht nur das fehlerlose Sprechen, sondern auch die Geschwindigkeit Oberhand. Endziel ist es, den Zungenbrecher so schnell und dabei so fehlerfrei wie möglich mehrmals hintereinander aufzusagen. Lacherfolge sind vorprogrammiert, aber Lachen ist ja bekanntermaßen gesund!

Sicherlich kennst du auch einige Zungenbrecher!? Häufig kennt man sie, aber sie fallen einem oft partout nicht ein, wenn man sie gerade braucht. Um dir da ein wenig zu helfen, habe ich einige kindgerechte zu Papier gebracht:

- *Fischers Fritze fischt frische Fische, frische Fische fischt Fischers Fritze.* (... der bekannteste Zungenbrecher)

- *Hinter Hermanns Haus hängen hundert Hemden raus.* (...nicht ganz so schwierig)

- *Blaukraut bleibt Blaukraut und Brautkleid bleibt Brautkleid.* (...besonders schwierig)

- *In Ulm und um Ulm herum.* (...ganz leicht)

- *Wenn Fliegen fliegen, fliegen Fliegen hinter Fliegen her.* (Hier kannst du dich mit deinem Kind besonders gut über den Inhalt austauschen. Ist es älter, könnt ihr sogar über die Komplexität und die Schwierigkeit der deutschen Rechtschreibung nachdenken.)

- *Die Katze tritt die Treppe krumm.*

- *Es klapperten die Klapperschlangen, bis ihre Klappern schlapper klangen.*

- *Achtundachtzig alte Ameisen aßen am Abend achtundachtzig Ananas.*

- *Fünf fette Ferkel fressen fünfzig Fuhren frisches Futter.*

- *Schneiders Scheren schneiden scharf. Scharf schneiden Schneiders Scheren.*
- *Sieben Schneeschipper schippen sieben Schippen Schnee.* (...schwierig!)
- *Wir Wiener Waschweiber wollen weiße Wäsche waschen, wenn wir wüssten, wo warmes weiches Wasser wär'.* (Begriff der „Waschweiber" erklären.)
- *Schnecken erschrecken, wenn sie an Schnecken schlecken, denn zum Schrecken vieler Schnecken, manchen Schnecken Schnecken nicht schmecken.* (...schwierig!)
- *Wenn Hexen hinter Hexen hexen, hexen Hexen Hexen hinterher.*
- *Zwischen zwei Zwetschgenbaumzweigen sitzen zwei zwitschernde Schwalben.*

Sonstige

Hier findest du all jene Achtsamkeitsübungen, die ich – aus welchem Grund auch immer – in keine der vorhergehenden Kategorien einzuordnen wusste.

Ich sehe was, was du nicht siehst...

Altersgruppe:

KIGA+

Material:

--

Zeit:

**

Bemerkungen:

Ein altbekanntes, sehr beliebtes Spiel, das du gut auf Wimmelbilder übertragen kannst. Bei kleinen Kindern ist davon auszugehen, dass sie Probleme mit dem Hinterfragen sowie dem Beschreiben haben. Schraube dann deine Erwartungen herunter.

Übrigens eine Achtsamkeitsübung, die darauf abzielt, dass dein Kind seine Umgebung gezielt und detailliert wahrnimmt. Ideal auch für unterwegs.

Durchführung:

Dieses Spiel solltet ihr abwechselnd spielen. Zunächst suchst du dir einen Gegenstand dort, wo ihr gerade seid, aus. Dann sagst du: „*Ich sehe was, was du nicht siehst, und das ist...*". Dabei nennst du eine Eigenschaft wie Form, Farbe, Lage o.a., die den Gegenstand beschreibt. Dein Kind versucht nun, diesen Gegenstand zu entdecken. Es kann Fragen zur Örtlichkeit oder zum weiteren Aussehen stellen, du darfst jedoch nur mit Ja oder Nein antworten. Wenn es richtig geraten hat, tauscht ihr die Rollen. Wenn erwünscht, kannst du noch eine oder zwei zusätzliche Eigenschaften nennen. Beispiel: „*Ich sehe was, was du nicht siehst, und das ist klein, blau und aus Metall.*"

168

Bunte Träume (Seifenblasen)

Altersgruppe:	Material:	Zeit:
KIGA	Seifenblasen	beliebig ausdehnbar

Bemerkungen:

Diese Achtsamkeitsübung existiert schon seit vielen, vielen Jahren, wie einige berühmte Kunstwerke der Vergangenheit beweisen. Dazu gehören u.a. das Gemälde „Seifenblasen" von Jean Siméon Chardin, eines der ältesten bekannten Bilder mit Seifenblasen, (aus dem Jahre 1773) oder das Werk von Edouard Manet „Der Junge mit den Seifenblasen" aus dem Jahre 1867. Damals nannte man es nicht Achtsamkeitsübung und wissenschaftliche Untersuchungen zu Wirkung und Nutzen gab es bestimmt auch noch nicht.

Diese wunderschönen, filigranen Gebilde, die alle so gerne in die Luft blasen, sind zugleich Atemübungen und Entspannung für Kinder (und nicht nur für diese!), aber auch Achtsamkeit auf etwas Zerbrechliches (Empathie). Ferner fördern sie durch das Spüren auf der Haut die Sensibilität. Selbstverständlich gehört auch eine Portion Spaß dazu.

Entweder stellst du gemeinsam mit deinem Kind Seifenblasen her, das Rezept dazu findest du unten, oder du kaufst für wenig Geld ein fertiges Set (siehe Seite 206).

Durchführung:

Zum Blasen von Seifenblasen bedarf es sicherlich keiner besonderen Anleitung, hingegen jedoch dafür, wie du die Flüssigkeit für Seifenblasen selber herstellen kannst.

1. Einfaches Rezept für kleine Seifenblasen

Vermische folgende Zutaten vorsichtig miteinander:

- 4 EL Spülmittel (Konzentrat)

- 4 EL. Glyzerin (erhältlich in Apotheken oder über amazon.de)
- 1 Liter warmes Wasser

Nach Möglichkeit so lange vermischen, bis sich kein Schaum mehr bildet.

2. Rezept für besonders gro-ße Seifenblasen

- 900 ml kaltes Wasser
- ca. 60 ml Spülmittel (Konzentrat)
- 1 TL Tapetenkleister in Pulverform

Den Tapetenkleister im Wasser auflösen, bis ein klumpenfreier Brei entsteht. Das Spülmittel dazugeben und alles gut verrühren.

Nun kann es losgehen! Pustet zunächst nach Herzenslust bunte – große und klei-ne – Seifenblasen in die Luft. Macht es dann spannender, indem ihr euch jeweils immer eine besondere Seifenblase heraussucht und dazu eine kleine Geschichte erzählt, die Seifenblase beschreibt oder sie sanft mit der Hand auffangt und sie auf der Haut zerplatzen lasst.

Häschen in der Grube

Altersgruppe:	Material:	Zeit:
KIGA	--	*

Bemerkungen:

Bei dieser alten Volksweise aus dem Jahre 1840 ist der Urheber ausnahmsweise bekannt. Es handelt sich um den deutschen Pädagogen Friedrich Wilhelm August Fröbel (1782-1852), der in Thüringen den weltweit ersten Kindergarten gründete. Das Original-Lied selber besteht aus mehreren Strophen.

Tipp:

Sprich den Inhalt des Textes mit deinem Kind durch. Klärt, was passiert und wann sich das Häschen wie fühlt. Dabei kannst du Fragen stellen wie: *„Warum sitzt das Häschen so ruhig in der Grube?"* (Weil es müde, krank oder gar ängstlich ist.) oder *„Warum ist es so wichtig, dass das Häschen hüpft?"* (Weil es zeigt, dass es nicht krank sondern fröhlich ist.)

Bei dieser Achtsamkeitsübung geht es nicht nur um Sprache, die einen nachvollziehbaren Inhalt wiedergibt, sondern auch um Rhythmus, Melodie, Rollenspiel und Empathie (dem Hasen gegenüber). Du wirst sicherlich schnell merken, dass mit mehrfacher Wiederholung sowie zunehmendem Kindesalter das Rollenspiel immer detaillierter und emotionsgeladener wird.

Noten sowie verschiedene mp3-Audiofiles findest du kostenlos unter **www.franzdorfer.com/hh/haeschen-in-der-grube**. Du kannst jedoch auch eine Art Sprechgesang kreieren oder dir eine andere Melodie einfallen lassen.

Durchführung:

Anfänglich musst du das Aufsagen/Singen übernehmen, die Bewegungen werden deinem Kind aufgrund des Inhalts leicht fallen. Vielleicht hat es sogar eigene Ideen zu den Bewegungsmöglichkeiten.

171

Du wirst aber sehen, sehr schnell hat dein Kind, selbst in jungen Jahren, sowohl Text als auch Rhythmus und natürlich das In-Szene-Setzen raus und kann alles alleine spielen.

Text:

Häschen in der Grube

saß und schlief (hinhocken, Kopf auf die Knie und mit den Armen umschlingen), *saß und schlief.*

Armes Häschen, bist du krank (streichel deinem Kind mitfühlend über den Kopf), *dass du nicht mehr hüpfen kannst?*

Häschen hüpf! (dein Kind hüpft bei jedem „hüpf!" fröhlich in die Höhe)

Häschen hüpf!

Häschen hüpf!

Alle Vögel fliegen hoch

Altersgruppe:	Material:	Zeit:
KIGA+	Tisch & Stühle	* bis **

Bemerkungen:

Diese Achtsamkeitsübung zielt darauf ab, genau hinzuhören, schnell zu überlegen und ebenso schnell zu reagieren. Im Prinzip ist volle Konzentration gefragt, jedoch könnt ihr auch gut die lustigen Momente genießen, wo beispielsweise plötzlich ein Affe fliegt.

Zur Konzentrationssteigerung könnt ihr das Tempo hochschrauben. Viel Spaß macht es, wenn man gemeinsam mit der ganzen Familie spielt. Auch eine Form des „Pfänderspiels" ist gut denkbar.

Durchführung:

Setzt euch gemeinsam an einen Tisch, nehmt jeweils eure beiden Zeigefinger und klopft mit diesen rhythmisch auf die Tischplatte. Du sagst jeweils den Satz „Alle ... fliegen hoch!", wobei die drei Punkte durch irgendeinen Gegenstand oder ein Tier ersetzt werden. Bei dem Wort „hoch", müssen beide Hände mit den ausgestreckten Zeigefingern in die Höhe, über den Kopf schnellen, jedoch nur dann, wenn das Ding oder das Tier auch wirklich in der Lage ist, zu fliegen. Handelt es sich um etwas, was nicht fliegen kann, bleiben die Finger weiterhin klopfend auf der Tischplatte. Ihr könnt euch beim Benennen der Dinge beziehungsweise Tiere abwechseln.

Fazit

Ich hoffe, du konntest einige der von mir vorgeschlagenen Achtsamkeitsübungen gemeinsam mit deinem Kind durchführen und ihr hattet neben dem Erfolg auch noch Spaß. Wichtig ist, derartige Achtsamkeitsübungen für Kinder in euren Alltag zu integrieren und möglichst zu einem dauerhaften Ritual werden zu lassen. Kinder brauchen Rituale, um sich in ihrer Welt besser zurechtzufinden. Sei sein Navi!

Kinder und Achtsamkeit bedeuten Spaß, aber auch Arbeit, teils hartes Training, wobei das eine das andere nicht ausschließt. Mit zunehmender Anwendung von Achtsamkeitsübungen hast du deinem Kind (fast) alles gegeben, was es für eine gesunde Entwicklung braucht: gemeinsame Zeit, das Fundament für Ausgeglichenheit und somit für Glück, aber auch den Wegbereiter für ein starkes Ich, für Empathie und somit eine soziale Kompetenz.

Viele der Übungen werden deinem Kind im Laufe der Zeit in Fleisch und Blut übergehen, sodass es gerade in Stresssituationen, vor denen es niemand wirklich bewahren kann, selbstständig zu ihnen als „Reparatur-Werkzeug" greifen kann, um sich zu entspannen, runterzufahren oder mental auf etwas vorzubereiten. Somit hast du ihm ein sehr wichtiges Instrument mit an die Hand gegeben, den Herausforderungen des Lebens entgegenzutreten.

Achtsamkeit bedeutet volle Konzentration auf das Hier und Jetzt. Das hast du deinem Kind mit zahlreichen Übungen gezeigt. Wichtig ist jedoch aus: Sei Vorbild und lebe Achtsamkeit vor. Achtsamkeit für deine Familie, deine Freunde und deine Umwelt. Vergiss jedoch vor lauter Achtsamkeit für dein Kind nicht dich selbst!

In diesem Sinne verabschiede ich mich von euch mit einem Zitat, das dem berühmten Dichter und Zeichner Wilhelm Busch (1832–1908) zugeschrieben wird:

Glück entsteht oft durch Aufmerksamkeit in kleinen Dingen, Unglück oft durch Vernachlässigung kleiner Dinge.

176

Anhang

Hier downloaden →

Emotions

erschrocken

gestresst

cool

ängstlich

unschuldig

überglücklich

gelangweilt

schlecht

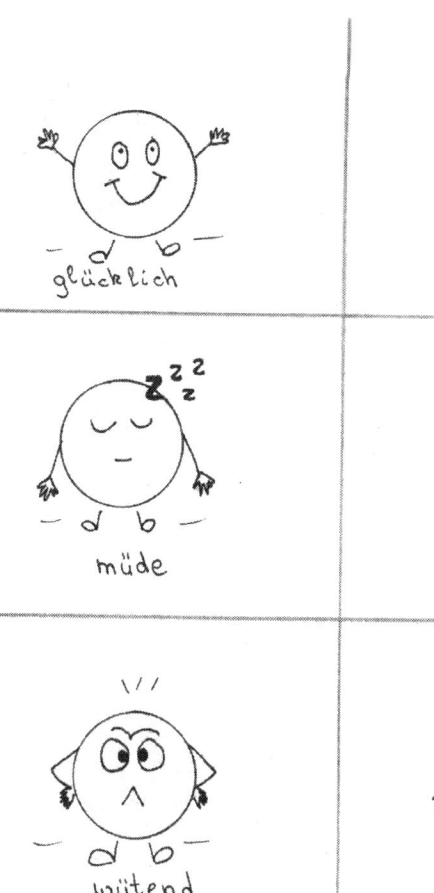

glücklich

krank

müde

schüchtern

wütend

traurig

nachdenklich

ruhig

Wimmelbilder

Hier downloaden →

Traumreisen

1: Die Zauberblume

Mache es dir gemütlich. Dabei kannst du auf dem Bauch, auf dem Rücken oder anders liegen. Du kannst dich aber auch gerne setzen. (Pause) Wenn du magst, decke dich zu und schließe die Augen. (Pause)

Wir wollen jetzt gemeinsam auf eine schöne Reise gehen. Atme tief durch die Nase ein und durch den Mund wieder aus. Entspanne dich. Vergiss alles um dich herum. (Pause) Ich zähle jetzt langsam bis 10, dabei kannst du dich immer mehr entspannen, deine Gedanken lösen und ruhig werden.

1. *Entspanne dich.*
2. *Vergiss alles, was um dich herum ist.*
3. *Atme weiter ruhig und bis tief in den Bauch hinein ein und wieder aus.*
4. *Dir ist es jetzt schön warm, du fühlst dich wohl, ruhig und sicher.*
5. *Du bist ganz entspannt.*
6. *Deine Arme sind ganz schwer und ruhig.*
7. *Auch deine Beine sind jetzt schwer und ruhig.*
8. *Schalte ganz ab.*
9. *Nichts stört dich mehr, du hörst nur noch meine Stimme.*
10. *Jetzt bist du bereit für unsere gemeinsame Traumreise.*

In Gedanken verlassen wir nun diesen Raum und steigen draußen in ein ganz besonderes Reisemobil ein. Mache es dir darin bequem, kuschel dich in den flauschigen Sitz und lasse dich davontragen.

Unser Reisemobil hebt ab und du kannst dein Haus noch einmal von oben betrachten. Du fühlst dich wohl. Merkst du, wie dein rechter Arm schwer, ganz schwer wird? (Pause) *Auch dein linker Arm wird nun ganz schwer.* (Pause) *Beide Arme sind ganz schwer.* (Pause) *Auch deine Beine werden schwer. Ein angenehmes Gefühl.* (Pause)

Du schaust aus dem Fenster deines Reisemobils. Siehst du das weite, blaue Meer? (Pause) *Und den großen, breiten Sandstrand?* (Pause) *Gerne würdest du hier bleiben, aber dein Reisemobil hat ein anderes Ziel für dich ausgesucht. Es ist schön, auf Reisen zu sein. Hörst du die Musik an Bord?* (Pause)

Jetzt hält es an. Die Tür öffnet sich, und du kannst aussteigen. Vor dir liegt eine wunderschöne Wiese. Gehe nur näher! (Pause) *Lege dich ins Gras!* (Pause) *Schließe die Augen!* (Pause) *Merkst du, wie dein rechter Arm ganz warm ist?* (Pause) *Nun spürst du auch, wie dein linker Arm ganz warm ist.* (Pause) *Höre den Vögeln zu, wie sie ihre Lieder singen.* (Pause) *Riechst du die Blumen? Sauge ihren Duft tief in dich ein!* (Pause)

„Hallo, _____ !" (Setze den Namen deines Kindes ein, bei mehreren Kindern, sage einfach „Hallo du da!") *Willst du mit mir die Zauberblume suchen?" Du schaust dich um und siehst neben dir eine kleine Elfe. Sie reicht dir*

ihre Hand. Nimm sie! (Kurze Pause) *Gemeinsam lauft ihr durchs Gras. Marienkäfer und Schmetterlinge grüßen dich. Ein Grashüpfer setzt sich auf deine Schulter und begleitet dich ein Stück des Weges. Ihr haltet inne. Horch genau hin.* (Pause) *Es rauscht. Ein kleines Bächlein, das über einen Wasserfall in einen kleinen See fließt.* (Pause) *Wieder hörst du eine Stimme und riechst einen ganz besonderen Duft.* (Pause) *Die Stimme sagt: „Komm her und nimm mich mit! Ich will deine persönliche Zauberblume sein und dir Kraft geben. Kraft, dafür, dass du offene Augen für alles Schöne hast." Du schaust dich um. Deine Elfe ist verschwunden. Vor dir jedoch wächst eine wunderschöne Blume in deinen Lieblingsfarben. Und wie sie riecht!* (Pause) *Du zögerst. Doch sie ermutigt dich, sie zu pflücken.*

Mit der Blume in der Hand schaust du dich um. Da sind sie wieder alle: deine Elfe, die Schmetterlinge und Marien-käfer und auch der kleine Grashüpfer. Sie winken dir zu. (Pause) *In diesem Moment kommt dein Reisemobil an. Es öffnet die Tür, und du steigst mit deiner Zauberblume ein.* (Pause)

Gemeinsam fahrt ihr zurück ins Hier und Jetzt. Du denkst: Ich bin ganz ruhig und alles um mich herum ist schön. Dan-ke, Zauberblume!

Ich zähle jetzt langsam von 10 bis 1 rückwärts und du kommst allmählich wieder daheim an. Wenn du da bist, fühlst du dich ruhig, entspannt, stark und zufrieden.

1. *Du darfst jetzt ins Hier und Jetzt zurückkehren.*

2. *Du fühlst dich ruhig, entspannt, stark und zufrieden.*

3. *Langsam wirst du wach.*

4. *Spüre die Schwere deiner Arme und Beine und genieße die Ruhe und die Wärme.*

5. *Ich freue mich, dass du so entspannt bist.*

6. *Denke noch einmal an die Traumreise zurück. Schön, wenn man so viel Fantasie hat.*

7. *Bewege deine Füße. Wecke deine Beine auf und zappele ein wenig mit ihnen.*

8. *Bewege jetzt deine Hände, jeden einzelnen Finger. Deine Arme werden wach. Strecke sie in die Luft.*

9. *Atme tief ein und aus.*

10. *Öffne nun deine Augen und schau dich um. Willkommen im Hier und Jetzt.*

Tipp: Fordere dein Kind auf, die Zauberblume zu malen oder gib ihm ein Mandala mit einer Blume als Motiv (siehe dazu Seite 209).

2: Eine geheimnisvolle Botschaft

Mache es dir gemütlich. Dabei kannst du auf dem Bauch, auf dem Rücken oder anders liegen. Du kannst dich aber auch gerne setzen. (Pause) Wenn du magst, decke dich zu und schließe die Augen. (Pause)

Wir wollen jetzt gemeinsam auf eine schöne Reise gehen. Atme tief durch die Nase ein und durch den Mund wieder aus. Entspanne dich. Vergiss alles um dich herum. (Pause) Ich zähle jetzt langsam bis 10, dabei kannst du dich immer mehr entspannen, deine Gedanken lösen und ruhig werden.

1. *Entspanne dich.*
2. *Vergiss alles, was um dich herum ist.*
3. *Atme weiter ruhig und bis tief in den Bauch hinein ein und wieder aus.*
4. *Dir ist es jetzt schön warm, du fühlst dich wohl, ruhig und sicher.*
5. *Du bist ganz entspannt.*
6. *Deine Arme sind ganz schwer und ruhig.*
7. *Auch deine Beine sind jetzt schwer und ruhig.*
8. *Schalte ganz ab.*
9. *Nichts stört dich mehr, du hörst nur noch meine Stimme.*
10. *Jetzt bist du bereit für unsere gemeinsame Traumreise.*

Verlasse den Raum, draußen wartet ein fliegender Teppich auf dich. Keine Angst, er ist sicher. (Pause)

Steige auf, er fliegt dich sicher zu einem geheimnisvollen Ort. Gemeinsam dreht ihr noch eine Runde über euer Haus. Winke den immer kleiner werdenden Leuten unten auf der Straße zu. Bald bist du wieder daheim.

Während du fliegst, scheint die Sonne auf dich hinab und wärmt dich. Du legst dich ganz entspannt auf den flauschigen Teppich und schaust in die Wolken. Du fühlst dich wohl. (Pause) *Merkst du, wie dein rechter Arm schwer, ganz schwer wird?* (Pause) *Auch dein linker Arm wird nun ganz schwer.* (Pause) *Beide Arme sind ganz schwer.* (Pause) *Auch deine Beine fühlen sich schwer an.* (Pause) *Es geht dir gut!*

Drehe dich um und schaue nach unten: hohe, schneebedeckte Berge. Jetzt fliegst du mit deinem Teppich über das weite Meer (Pause), *lange Sandstrände* (Pause), *Palmen. Traumhaft schön!* (Pause)

Komm, lass uns landen! (Pause) *Du ziehst deine Schuhe aus und läufst barfuß über den warmen, weichen Sand. Die Wellen umspülen deine Füße.* (Pause) *Du lauschst dem Rauschen der Wellen. Ein sanfter Wind weht dir ins Gesicht.* (Pause) *Du schmeckst das Salzwasser auf deinen Lippen.* (Pause) *Da siehst du vor dir etwas in der Sonne glitzern. Was das wohl ist?* (Pause) *Gehe hin, schaue nach!* (Pause) *Eine Flasche. Du bückst dich und hebst sie auf. Es ist keine gewöhnliche Flasche, es ist eine Flaschenpost.* (Pause) *Öffne sie!*

Auf dem Zettel steht: Hilfe! Ich bin Prinzessin Lalula, rette mich! Piraten halten mich auf einem alten Schiffswrack gefangen.

Du bist unschlüssig. Was sollst du tun? (Pause) *Du machst dich auf die Suche. Keine Ahnung, wo das Schiffswrack sein könnte. Du gehst weiter am Strand entlang. Aus dem weiten Sandstrand wird allmählich eine steinige Steilküste. Vor dir liegt eine Bucht.* (Pause) *Du gehst näher und entdeckst tatsächlich ein bereits halb im Meer versunkenes, altes Schiffswrack. Ob es das ist?* (Pause) *Du gehst näher heran und hörst ein leises Weinen.* (Pause) *Das muss die Prinzessin sein! Aber wie kommst du zu ihr? Du schaust dir das Wrack genauer an und entdeckst an Bord eine alte, schon ziemlich vermoderte Holztür, die mit einem Vorhängeschloss verschlossen ist. Du überlegst nicht lange, sondern greifst in deine rechte Hosentasche. Hier befindet sich der „Schlüssel deines Herzens", den du auf einer anderen Traumreise von einem lieben Zauberer gemeinsam mit dem fliegenden Teppich überreicht bekommen hast. Der Schlüssel öffnet alle Türen, wenn du es nur mit Liebe machst.* (Pause) *Der Schlüssel fühlt sich warm in deiner Hand an. Merkst du es?* (Pause)

Und richtig! Das Schloss springt auf, du kannst die Tür öffnen und vor dir liegt, am Boden kauernd, eine wunderschöne Prinzessin. Ihre Krone strahlt im Sonnenlicht, das jetzt in den Raum fällt. Ihr Kleid ist aus edler roter Seide. Sie strahlt mit der Sonne um die Wette. Dir wird ganz warm ums Herz. Spürst du es? (Pause) *Gemeinsam geht ihr Hand in Hand über den warmen, weichen Sand zurück und lauscht dem Brausen der Wellen, spürt das Salzwasser auf eurer Haut. Du forderst Prinzessin Lalula auf, mit dir nach _____* (Ort wo du wohnst oder gerade bist einsetzen) *zu kommen. Aber sie will lieber wieder zu ihren Eltern zurück. Die warten bestimmt schon lange auf sie.*

Du beschließt, sie mit auf deinen fliegenden Teppich zu nehmen und einen kleinen Umweg zu ihrem Schloss zu fliegen. (Pause) Dort verabschiedest du dich von ihr. Vielleicht besucht ihr euch ja einmal? (Pause)

Langsam fliegst du zurück ins Hier und Jetzt. Du hattest eine schöne, abenteuerliche Reise. Es ist Zeit, zurückzukehren.

Ich zähle nun langsam von 10 bis 1 rückwärts und du kommst schrittweise wieder daheim an. Wenn du da bist, fühlst du dich ganz ruhig, entspannt, stark und zufrieden.

10. *Du darfst jetzt ins Hier und Jetzt zurückkehren.*

9. *Du fühlst dich ruhig, entspannt, stark und zufrieden.*

8. *Langsam wirst du wach.*

7. *Spüre die Schwere deiner Arme und Beine und genieße die Ruhe und die Wärme.*

6. *Ich freue mich, dass du so entspannt bist.*

5. *Denke noch einmal an die Traumreise zurück. Schön, wenn man so viel Fantasie hat.*

4. *Bewege deine Füße. Wecke deine Beine auf und zappel ein wenig mit ihnen.*

3. *Bewege jetzt deine Hände, jeden einzelnen Finger. Deine Arme werden wach. Strecke sie in die Luft.*

2. *Atme tief ein und aus.*

1. *Öffne nun deine Augen und schaue dich um. Willkommen im Hier und Jetzt.*

3. Abenteuer-Traumreise mit meinem Stein

Mache es dir gemütlich und halte deinen Stein in beiden Händen. Wie fühlt er sich an? (Pause) *Sieh ihn dir genau an. Er ist einmalig. Er ist etwas Besonderes.* (Pause) *Gib ihm einen Namen. Wie soll er heißen?* (Lasse dir seinen Namen nennen. Im Folgenden steht dafür _____, setze jeweils den Namen ein.)

Du wirst jetzt gemeinsam mit ihm auf eine Abenteuerreise gehen. Hast du Lust dazu? (Pause) *Wenn du magst, schließe die Augen. Halte deinen Stein aber immer gut fest, damit du ihn unterwegs nicht verlierst.* (Pause) *Atme tief durch die Nase ein und durch den Mund wieder aus. Entspanne dich. Vergiss alles um dich herum. Nur deinen Stein darfst du nicht vergessen. Merkst du, wie wohl er sich bei dir fühlt?* (Pause) *Ich zähle jetzt langsam bis 10, dabei kannst du dich immer mehr entspannen, deine Gedanken lösen und ruhig werden.*

1. *Entspanne dich.*
2. *Vergiss alles, was um dich herum ist, nur deinen Stein nicht.*
3. *Atme weiter ruhig und tief in den Bauch hinein ein und wieder aus.*
4. *Dir ist es jetzt schön warm, du fühlst dich wohl, ruhig und sicher.*
5. *Du bist ganz entspannt.*
6. *Deine Beine sind schwer.*

7. *Der Stein in deiner Hand fühlt sich gut an.*

8. *Schalte ganz ab.*

9. *Nichts stört dich mehr, du hörst nur noch meine Stimme und fühlst _____.*

10. *Jetzt bist du bereit für unsere gemeinsame Abenteuerreise.*

Verlasse zusammen mit deinem Stein den Raum. (Pause) *Ihr geht weiter und weiter. Es fällt dir gar nicht schwer, denn du fühlst dich, als würdest du schweben. Spürst du _____ noch? Gönne ihm ein bisschen von den Sonnenstrahlen, die euch wärmen. Öffne dazu die Hände ein wenig, aber pass auf, dass er dir nicht herunterfällt.* (Pause) *Ihr kommt an eine wunderschöne Blumenwiese. Ein kleiner Schmetterling begrüßt euch freundlich. Ihr grüßt zurück. Dein Stein flüstert dir zu: „Lass uns die Wiese überqueren!" Ihr tut das.* (Pause) *Jetzt kommt ihr an einen dunklen Wald. Solltet ihr da hinein gehen?* (Pause) *Du fragst deinen Stein. Er sagt: „Ja!" Er gibt dir Mut, und gemeinsam streift ihr durch den dunklen Wald. Hörst du die Vögel zwitschern?* (Pause) *Und den Specht, wie er an einem Baum herumhackt, um für seine Jungen Insekten zu bekommen?* (Pause) *Ihr geht weiter. Der Wald wird dunkler und dunkler. Es ist beinahe unheimlich. Aber _____ gibt dir Kraft und Mut.*

Jetzt hörst du ein Bächlein rauschen (Pause) *und siehst in der Ferne eine alte Hütte stehen. Was die wohl zu bedeuten hat?* (Pause) *_____ flüstert dir zu: „Geht hin!*

Dir kann nichts passieren, denn ich bin ja bei dir!" (Pause) *Ein bisschen neugierig, aber auch vorsichtig, näherst du dich der Hütte. Deinen Mut-mach-Stein fest in der Hand haltend. Du kommst näher und näher. Du siehst, dass es ein kleines Steinhäuschen ist aus dessen Schornstein Rauch herauskommt.* (Pause) *Also muss hier jemand wohnen!? Aber wer? Ist er oder sie gut oder böse? Ist es eine Hexe?* (Pause) *Eine Fee?* (Pause) *Ein Ungeheuer* (Pause) *oder eine gefangen gehaltene Prinzessin?* (Pause)

Du wirst es nie erfahren, wenn du nicht anklopfst. _____ *macht dir Mut: „Geh, klopfe an! Ich bin bei dir!"* (Pause) *Du gehst ganz vorsichtig zur Tür und klopfst an. Drinnen hörst du es poltern und schlurfen. Drücke deinen Stein ganz fest an dich. Er ist bei dir. Er gibt dir Kraft.* (Pause) *Die Tür geht auf und vor dir steht ein steinalter Mann. Er lächelt dich an und bittet dich herein. Sollst du?* (Pause) _____ *ermuntert dich, ins Haus zu gehen.* (Pause)

Du schaust dich um. Alles ist aus Stein: Steinbänke, ein Steintisch, Schränke und Regale aus Stein und ein großer Steinkamin, in dem ein helles Feuer brennt. Auf dem Tisch steht eine Kerze. Es sieht gemütlich aus! (Pause) *Der Mann bittet dich, dich zu setzen und bietet dir eine Tasse heiße Schokolade an. Dann fragt er dich, wie du hier hergekommen bist.* (Pause) *Du erzählst es ihm.* (Pause) *Du zeigst ihm auch deinen Stein. Plötzlich kullern dem steinalten Mann Tränen über die Wangen.* (Pause) *Er fragt, ob er*

_____ einmal auf die Hand nehmen darf. Gibst du ihm deinen Stein? Du überlegst noch... (Pause)

Dann erzählt der Mann, dass dein Mut-mach-Stein sein versteinerter Enkel ist, nach dem er schon so lange gesucht hat. Er ist überglücklich! Natürlich möchtest du wissen, wie es kam, dass _____ zu Stein wurde. Der alte Mann reicht dir noch eine Tasse heiße Schokolade und ein Stück Kuchen. Dann erzählt er... (lange Pause)

Doch jetzt wird es Zeit aufzubrechen. Du nimmst deinen steinernen Freund _____ wieder zärtlich in die Hände und verabschiedest dich. Dabei versprichst du, wiederzukommen. Auf dem Heimweg denkst du lange über das Geheimnis nach, das dir der alte Mann anvertraut hat... (Pause)

Ich zähle nun langsam rückwärts von 10 bis 1 und du kommst schrittweise wieder daheim an. Wenn du da bist, fühlst du dich ganz ruhig, entspannt, stark und zufrieden. Halte deinen Stein jedoch weiterhin fest in deinen Händen.

10. Du darfst jetzt ins Hier und Jetzt zurückkehren.

9. Du fühlst dich ruhig, entspannt, stark und zufrieden.

8. Langsam wirst du wach.

7. Spüre die Schwere deiner Arme und Beine und genieße die Ruhe und die Wärme deines Steines in deinen Händen.

6. Ich freue mich, dass du so viel über _____ erfahren konntest.

5. Denke noch einmal an die Abenteuerreise und das Geheimnis, das du erfahren hast.

4. Bewege deine Füße. Wecke deine Beine auf und zappel ein wenig mit ihnen.

3. Bewege jetzt deine Hände, jeden einzelnen Finger. Deine Arme werden wach. Streichle deinen Freund, der dir auch weiterhin Kraft und Mut geben wird.

2. Atme tief ein und aus.

1. Öffne nun deine Augen und schaue dich um. Willkommen im Hier und Jetzt.

Evaluationsbögen

Name:

Wie hat dir die Übung gefallen?

chtsamkeit

Übung				

Name:

Wie hat dir die Übung gefallen?

Übung				

Name:

Wie hat dir die Übung gefallen?

Übung	☀	☀	☀	☀

Name:

Wie hat dir die Übung gefallen?

Übung	✳✳✳✳✳✳✳✳	✳✳✳	✳✳	✳

Urkunden

Achtsamkeits-Urkunde

für

_____

Gratuliere, du hast dich besonders achtsam
gezeigt

Urkunde

für

_____

Gratuliere, du bist besonders achtsam gegenüber

_____

Achtsamkeitskönig

----

* * * * * * *

Wir gratulieren dir zu deinem neuen Titel.

Du bist jetzt unser Achtsamkeitskönig

Achtsamkeitskönigin

♡ ♡ ♡ ♡ ♡ ♡ ♡ ♡

Wir gratulieren dir zu deinem neuen Titel.

Du bist jetzt unsere Achtsamkeitskönigin

„Bitte-nicht-stören"-Schild

Materialien & Bezugsquellen

An dieser Stelle möchte ich dir ein paar Tipps geben, wo du bestimmte Materialien, aber auch Literatur bekommen kannst. Das Angebot ist mittlerweile riesig und meine Auswahl ist sehr subjektiv, aber vielleicht ist es dennoch hilfreich!?

Materialien für einzelne Übungen

Entspannungsmusik

Kiwit, Ralf; Traumstunden für Kinder; Erde – Feuer – Wasser – Luft; Musik zur Entspannung und Gestaltung von Traumreisen; Audio-CD; Ökotopia Verlag; Laufzeit 53 Minuten; ISBN-9783936286076

Various; Fantasierreisen & Meditationen für Kinder; 2 Audio-CDs; Universal Musik Verlag; Laufzeit 136 Minuten; ISBN-4260167471365

www.musicfox.com/info/entspannungsmusik.php

Geräusche

Preuss, Carola & Ruhe, Klaus; Hinhören lernen: Alltagsgeräusche als Orientierungshilfe; Geräusche-CD mit 30 Bildkarten; Laufzeit 45 Minuten; Verlag an der Ruhr 2020; ISBN 978-3834643650

www.planet-schule.de/mm/geraeusche-quiz/; Geräusche-Quiz des SWR

Klangschalen

www.betzold.de/prod/E_84001/; Ausstatter für Kindergärten und Schulen; handgearbeitet; ca. 40 Euro

amazon.de; diverse Klangschalen ab ca. 5 Euro aufwärts

Augenbinden

www.ziel-tools.de/produkt/augenbinden/; ZIEL Tools – Seminarmaterial für handlungsorientiertes Lernen; 5er-Pack; 14 Euro

www.amazon.de/dp/B077K1BCHT/; Augenbinden in zwölf verschiedenen Farben; Sortiment für 9,29 Euro

Bei amazon.de findest du zahlreiche weitere Augenbinden.

Sanduhren

www.thalia.de/themenwelten/exklusiv/sanduhren oder in nieder-
gelassenen Thalia-Filialen; in verschiedenen Farben & mit
unterschiedlichen Laufzeiten; 3,30 Euro bis ca. 15 Euro.

www.amazon.de/s?k=sanduhren; reichhaltiges Angebot in verschiedenen Farben, mit verschiedenen Laufzeiten sowie zu
unterschiedlichen Preisen; einzeln oder als Sortiment.

In jedem Haushaltswarengeschäft und in Supermärkten.

Bubble Timer

www.amazon.de/s?k=bubble+timer; in verschiedenen Ausführungen zu unterschiedlichen Preisen.

Igelbälle

www.sport-thieme.de/Igelball; Online-Shop für Sportartikel; verschiedene Farben und Größen; einzeln oder als Set; ab 2,50 Euro.

www.amazon.de/s?k=igelball; verschiedene Farben und Größen,
einzeln oder als Set; teils schon unter 1 Euro.

In Sportgeschäften und dort, wo es Sport- und Wellness-Artikel gibt.

Becherlupen

www.amazon.de/s?k=becherlupen; sehr unterschiedliche Ausführungen; einzeln oder als Set; ab ca. 5 Euro.

In Spielwarengeschäften.

Kladden

www.amazon.de/s?k=kladden; unterschiedliche Formate und Ausführungen; ab ca. 4 Euro.

In jedem Schreibwarengeschäft, in Schreibwarenabteilungen der Kaufhäuser, Supermärkte und Buchhandlungen

Seifenblasen

www.amazon.de/s?k=Seifenblasen; einzeln oder als Set; auch Nachfüllflüssigkeit.

In jedem Spielwarengeschäft sowie in den Spielwarenabteilungen der Kaufhäuser und der Supermärkte.

Glöckchen

www.idee-shop.com/basteln/bastelmaterial/gloeckchen/, Online-Shop für Bastelbedarf; verschiedene Ausführungen; unter 5 Euro.

www.amazon.de/s?k=glöckchen; verschiedene Ausführungen, Sortimente; ab ca. 6 Euro.

In Spielwarengeschäften und Geschäften für Bastelzubehör.

Kleine Aufbewahrungsbehälter/Döschen/Boxen

www.amazon.de/s?k=kleine+aufbewahrungsbehälter oder www.amazon.de/s/?k=döschen+50ml; verschiedene Ausführungen zu unterschiedlichen Preisen.

Im Haushaltswarengeschäft, in Kaufhäusern sowie in Supermärkten.

Fühlkisten

www.kollektion-karthaus.de/lernen-foerdern/wahrnehmung/
sinnesspiele/785/fuehlkiste; Werkstätten zur Eingliederung
von Menschen mit Behinderten; sehr stabile Fühlkiste; 79,50
Euro.

www.amazon.de/s?k=fühlkiste; verschiedene Ausführungen; ca.
25 Euro bis 40 Euro.

Fühl-Kisten-Set für den Barfußgang

www.betzold.de/prod/56332/; sechs verschieden gefüllte und
zwei leere Kisten; 269 Euro ➔ ist hier von mir als Anregung
zum Nachbauen gedacht.

Zusatzmaterial

Traumreisen-Bücher

Friebel, Volker; Traumreisen für Kinder; Ökotopia Verlag 2013; 96
Seiten; ISBN 978-3867022255; 75 Traumreisen & Anleitungen

Krowatschek, Dieter & Theiling, Ute; Geschichten von der
Fly; Borgmann Media Verlag 2019; 192 Seiten; ISBN 978-
3938187500; Abenteuer und Erlebnisse der Hündin Fly; mit
Musik-CD

Krowatschek, Dieter & Reid, Caroline; Die Fly reist um die Welt;
Borgmann Media Verlag 2020; 200 Seiten; ISBN 978-
3938187739; neue Abenteuer und Geschichten der Hündin Fly

Übrigens entwickelte der Marburger Kinder- und Schul-psychologe Dieter Krowatschek (1942-2011) zu Beginn der 1990er- Jahre das MKT – das Marburger Konzentrations-training – für Kinder mit ADHS und ADS, das jedoch auch generell für Kinder mit Konzentrationsproblemen sinnvoll ist. Ich selber durfte bei ihm Fortbildungen besuchen und habe seinen damals relativ neuen ganzheitlichen Ansatz erfolgreich in der Schule in die Praxis umsetzen können.

Wimmelbücher

Migutsch, Ali (gilt als Erfinder der Wimmelbücher); Mein großes Wimmelbuch; Ravensburger Verlag 2019; 28 große illustrierte Papp-Doppelseiten ohne Text mit verschiedenen Szenen; ISBN 978-3473438419

Görtler, Carolin; Märchen Wimmelbuch; Wimmelbuchverlag 2017; 16 große illustrierte Papp-Doppelseiten mit sieben be-kannten Märchen der Gebrüder Grimm inklusive Text; ISBN 978-3947188055 (Wunderschöne Illustration, allerdings ist der Vorlesetext extrem klein geschrieben.)

Es besteht ein großes Angebot an Wimmelbüchern zu unterschiedlichen Thematiken. Am besten schaust du sel-ber mal in Buchhandlungen oder im Internet bei amazon. de beziehungsweise beim Wimmelbuchverlag unter www. wimmelbuchverlag.de nach.

Mandalas

www.mandala-bilder.de ➔ Hier kannst du dir – nach Kategorien geordnet – zahlreiche Vorlagen als PDF-Datei herunterladen und kostenlos ausdrucken, um deinem Kind eine entspannte Zeit zu schenken.

Auch gibt es im Handel – online bei amazon.de, in Buchhandlungen, in Kaufhäusern, häufig sogar auch bei Discountern – Mandala-Malblöcke oder Bücher mit Mandala-Malvorlagen.

Hintergrundwissen

Ich persönlich finde u.a. noch Folgendes interessant:

Kabat-Zinn, Jon; Achtsamkeit für Anfänger, mit geführten Übungen als MP3-Download; Arbor-Verlag 2019; ISBN 978-3867812641

www.youtube.com/watch?v=uYP6OJA1Ytc; Sternstunde Philosophie; SRF Kultur; Jon Kabat-Zinn, Mindfulness – The new Formula for Happiness?

objektkunst-landart.de/landart/ oder de.wikipedia.org/wiki/Land_Art ➔ Infos zur Kunstrichtung LandArt

Platz für eigene Notizen

Achtsamkeitsübungen von A-Z

Impressum

Deutschsprachige Erstausgabe April 2022
Copyright © 2022

Ufer Verlag
c/o Block Services
Stuttgarter Str. 106
70736 Fellbach

Lektorat: Martina Müller

Covergestaltung & Buchsatz
Danileoart | www.danileoart.com

ISBN-Taschenbuch: 978-3-949373-26-8
ISBN-EBook: 978-3-949373-27-5
ISBN-Hardcover: 978-3-949373-28-2

Printed in Germany
by Amazon Distribution
GmbH, Leipzig